# DE LA PROPRIÉTÉ
# LITTÉRAIRE ET ARTISTIQUE

### AU POINT DE VUE INTERNATIONAL

#### SUIVI

DES LÉGISLATIONS ÉTRANGÈRES

Suivi d'un Appendice contenant

PAR

### ALFRED VILLEFORT

### PARIS

# DE LA PROPRIÉTÉ

# LITTÉRAIRE ET ARTISTIQUE

## AU POINT DE VUE INTERNATIONAL.

Imp. de COSSE et J. DUMAINE, r. Christine, 2.

# DE LA PROPRIÉTÉ
# LITTÉRAIRE ET ARTISTIQUE

## AU POINT DE VUE INTERNATIONAL.

## APERÇU

### SUR LES LÉGISLATIONS ÉTRANGÈRES

Et sur les Traités relatifs à la répression de la Contrefaçon,

**Suivi d'un Appendice contenant :**

1º le texte des Conventions diplomatiques conclues :
par la France avec la Grande-Bretagne, la Sardaigne, le Portugal et le Hanovre ;
par la Grande-Bretagne avec la Prusse et le Hanovre ;
2º le texte en français de la loi portugaise sur la propriété littéraire.

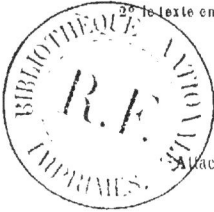

PAR

## ALFRED VILLEFORT,

Docteur en droit,
Attaché au département des Affaires étrangères.

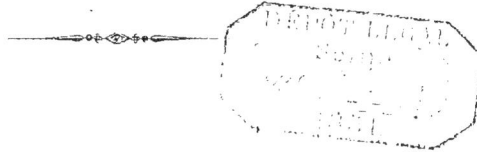

## PARIS,

### IMPRIMERIE ET LIBRAIRIE GÉNÉRALE DE JURISPRUDENCE

### DE COSSE, succᵗ DE COSSE ET N. DELAMOTTE,

Libraire des Avocats à la Cour de cassation,

PLACE DAUPHINE, **27.**

## 1851

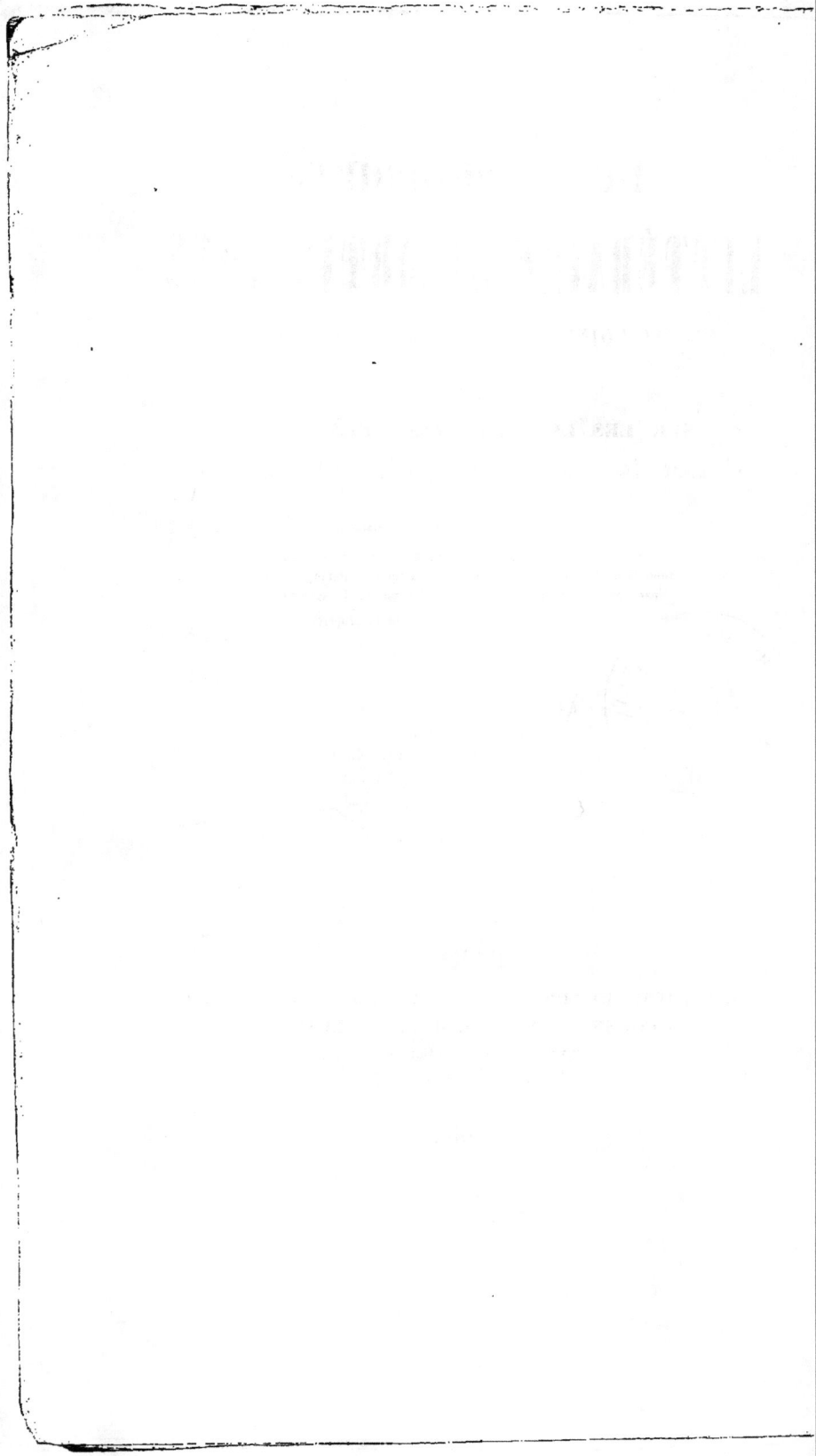

# APERÇU

## SUR LES LÉGISLATIONS ÉTRANGÈRES

### ET LES TRAITÉS

#### EN MATIÈRE DE

# PROPRIÉTÉ LITTÉRAIRE

## ET ARTISTIQUE.

---

## INTRODUCTION.

### I. — *La France.*

Nous ne voulons pas traiter cette grande question de la propriété intellectuelle en vue seulement de la loi qui manque encore à la France, Dans la situation actuelle, cette loi n'est ni possible, ni même souhaitable; car s'il n'est donné qu'aux temps de paix et de prospérité de faire sur toutes choses des lois stables et complètes, il n'est assurément pas de sujet qui demande au législateur un esprit plus calme, plus affranchi de préoccupations extérieures que cette matière si délicate, si peu connue encore de la propriété intellectuelle, envisagée au triple point de vue des lettres, des arts et de l'industrie.

Mais la question a pris de plus larges proportions; elle n'est pas seulement française; malgré toutes les entraves

1

qu'ont pu lui créer les événemens, elle est devenue d'un intérêt européen. Tous les gouvernemens se préoccupent enfin de prendre contre la contrefaçon des mesures énergiques. Ce n'est donc plus seulement d'une question de législation intérieure qu'il s'agit, mais d'une question internationale. La France n'a peut-être jamais eu de négociations plus actives engagées sur ce point, et aussi près d'amener un résultat ; et, il faut le dire, la sollicitude avec laquelle la plupart des pays de l'Europe se sont occupés de réglementer chez eux la propriété intellectuelle, n'a pas peu contribué à éclairer le débat et à préparer la solution. Toutefois, la question littéraire et artistique, dans les relations internationales, a pris le pas sur la question industrielle. C'est surtout et presque exclusivement la première que les conventions diplomatiques ont entrepris de résoudre ; c'est d'elle aussi seulement que nous nous occuperons dans ce travail, dont le but est à la fois de faire connaître l'état de la difficulté chez les nations étrangères, et de marquer le progrès que les traités lui ont fait accomplir.

Nous n'eussions pas mieux demandé que de passer sous silence la partie théorique ou doctrinale de la matière. Cependant le point de vue philosophique a eu de telles influences sur la rédaction des lois étrangères, et en particulier sur le rejet du projet qui avait été présenté chez nous à la Chambre des députés, en 1841, qu'il est indispensable d'en dire un mot. D'ailleurs, nous avons écrit en tête de cet écrit ce mot : « Propriété littéraire, » et si l'expression est acceptée depuis longtemps dans la langue pratique, il s'en faut qu'elle soit regardée comme de bon aloi par tous les jurisconsultes. Nous avons donc à la justifier.

Trois solutions ont été données au problème qui nous occupe. Selon les uns, la propriété intellectuelle doit être perpétuelle et assimilée à la propriété ordinaire. C'est la théorie qui, comme bien on pense, a été embrassée par la plupart des écrivains : c'est celle de Voltaire et de Diderot ; c'est celle que M. de Lamartine a couverte du prestige de son éloquente parole, et cependant elle peut si difficilement supporter l'examen, qu'elle n'a trouvé place dans aucune législation.

Selon d'autres, le droit d'un auteur n'est que l'indemnité de la prestation du service qu'il a rendu à la société en publiant son livre ; indemnité consistant dans la jouissance temporaire d'un droit de reproduction, qui devient, dans ce système, un privilége ; c'est la théorie de Kant. Elle a eu une grande influence en Allemagne, et, en France même, elle a ses partisans. Cette théorie qui, selon nous, repose sur une erreur, prend sa base dans cette idée que la pensée et ses œuvres ne sont pas susceptibles d'appropriation ; véritable confusion, qui ne veut pas distinguer entre la pensée, être abstrait, non susceptible d'appropriation tant qu'elle n'a pas été matérialisée, et l'exploitation de la valeur vénale de cette pensée fixée par un procédé matériel. Comme si, en définitive, toute œuvre sortie des mains de l'homme n'était pas, à plus ou moins de distance, fille d'une pensée.

Les partisans de ce système disent donc : La pensée est, par son essence, inappropriable ; la faculté de copier et de reproduire la pensée ne l'est pas moins ; d'où la conclusion qu'il ne peut y avoir là matière à un droit de propriété. Cependant, un service a été rendu à la société (qui en profite ou non, serions-nous tenté d'ajouter). La rémunération de ce service, la société la donne à l'auteur, en l'investissant d'un droit exclusif de reproduction. Singulière contradiction ! Ce droit de copie, dont vous faisiez tout à l'heure quelque chose d'immatériel, vous le trouvez tellement appropriable que vous le jugez suffisant pour payer la peine de ce salarié d'un nouveau genre qu'on appelle un auteur.

Entre ces deux opinions extrêmes se place une troisième théorie, que nous n'hésitons pas à adopter, et qui forme le fond de toutes les législations modernes sur cette matière.

Pour nous, le droit des auteurs sur les produits de leur intelligence constitue une véritable propriété qui, considérée en elle-même, ne diffère en rien du droit de propriété sur les autres choses susceptibles d'appropriation, mais qui se trouve bornée quant à son application. En effet, voici un manuscrit, un tableau. Est-ce que cet objet, dans l'état où il est, ne réunit pas pour son auteur tous les caractères d'une propriété ordinaire tant que celui-ci ne fait pas entrer son droit privatif sur cet objet en contact avec l'intérêt social ? Est-ce qu'il ne pourra pas le transmettre, pour un temps ou à toujours, à titre gratuit ou onéreux? Est-ce que quelqu'un pourra venir le lui enlever sans que la loi soit là pour le protéger contre toutes les violations? Voilà bien réunis, ce nous semble, les trois caractères essentiels de la propriété, la perpétuité, la transmissibilité, l'inviolabilité.

Mais si cette propriété, dans ses modes de jouissances, dans ses manifestations extérieures, publiques, prend un caractère particulier, anormal, la loi ne pourra-t-elle pas, ne devra-t-elle pas intervenir et restreindre l'exercice de ce droit ? Voilà toute la question. Réduite à ces termes, elle sera bientôt résolue ; car, là où on s'est efforcé de trouver deux droits distincts, indépendans l'un de l'autre, un droit de propriété (le manuscrit), un droit de reproduction (la copie), nous n'en apercevons qu'un seul d'où découle un mode particulier d'application. Il ne s'agira plus que d'examiner la nature de ce mode, qu'on appellera reproduction, multiplication, copie, pour reconnaître que les nécessités sociales doivent en modifier l'exercice et le soumettre à des règles spéciales. Et quand cette nécessité sera reconnue, au lieu de donner à ce droit le nom de privilége, nous l'appellerions bien plutôt un droit restreint. Ce sera même, si l'on veut, une véritable expropriation pour cause d'utilité publique.

Or, dans un état social tel que le nôtre, le génie lui-même, quelque originales que soient ses productions, ne les doit pas à lui seul ; il les emprunte toujours, dans une certaine mesure, à la somme de connaissances que le passé a accumulées et mises au service des forces individuelles. Ce n'est pas tout ; ce qui, pour l'œuvre de la pensée, complète et constitue réellement la propriété utile, c'est l'intervention de la société tout entière ; c'est elle qui lui donne une valeur vénale, puisque l'œuvre artistique, littéraire, industrielle, ne vaut que par l'usage et la consommation qui en est faite, et que, si elle était stérile pour la société, elle le serait également pour l'écrivain, pour l'artiste, pour l'inventeur.

L'œuvre intellectuelle, une fois jetée au dehors et livrée au domaine public, il y a donc, comme on l'a si bien dit, une sorte de copropriété, d'indivision qui s'établit entre la société et l'auteur. La difficulté ne consiste plus qu'à opérer entre eux un partage qui concilie, dans une juste mesure, les droits imprescriptibles qui leur sont acquis.

Comment le problème a-t-il été résolu en France et dans les législations étrangères? C'est le premier point à examiner. Voyons d'abord la propriété littéraire.

Envisagée d'une manière générale, la propriété littéraire a pour objet les écrits imprimés et les pièces de théâtre. La France n'a point encore sur cette matière une législation unique et complète. Quatre lois ou fragmens de lois, dont le texte n'est pas toujours clair, tels sont les flambeaux auxquels doit venir s'éclairer la jurisprudence pour résoudre tous les points de contestations qui peuvent s'élever. C'est ce qui faisait dire à M. de Lamartine, dans son rapport sur le projet de loi soumis à la Chambre des députés, en 1841 : « Tout était à découvrir et à créer. « L'antiquité n'avait pas parlé ! les législations modernes « ne s'expliquaient que dans un langage confus, arbitrai-« re, souvent contradictoire. Une ébauche de loi du 19 « janvier 1791, un décret de la Convention, du 19 juillet

« 1793, un décret sur la librairie, du 5 février 1810, un
« beau projet de M. de Salvandy, et une discussion de la
« Chambre des pairs, étaient les seuls jalons qui nous
« traçaient la route. »

La question a marché depuis ; de grandes et sérieuses
tentatives, ainsi que nous le verrons, ont été faites par les
législations étrangères pour réglementer cette matière, et
fourniraient aujourd'hui d'abondans renseignemens, des
comparaisons utiles et des expériences toutes faites.

En attendant, la législation française est aujourd'hui sur
ce point ce qu'elle était en 1810, sauf une modification
introduite en 1844 au profit des veuves et des enfans des
auteurs dramatiques. En somme, le droit de propriété littéraire se réduit en France à ceci : Les auteurs d'écrits en
tous genres jouissent, durant leur vie entière, du droit exclusif de vendre ou faire vendre leurs ouvrages, et d'en
céder la propriété en tout ou en partie (1). Après eux, leurs
enfans en jouissent pendant vingt ans, et la veuve pendant
sa vie, si ses conventions matrimoniales lui en donnent le
droit (2). Toutefois, s'il s'agit d'une pièce de théâtre, la
veuve n'a, comme les enfans, le droit exclusif d'en autoriser la représentation que pendant vingt ans (3). Enfin, si
l'auteur laisse pour héritiers non des enfans, mais des as-
cendans ou des collatéraux, la jouissance est réduite à dix
années (4). Quant au cessionnaire des droits de l'auteur
ou de ses héritiers, il en jouit pendant tout le temps concédé à l'auteur, à la veuve ou aux héritiers, à moins que
l'acte de cession n'ait fixé un terme plus court à la jouissance (5). Joignez à ce qui précède un décret du 1er ger-

---

(1) Loi du 19 juillet 1793.
(2) Décret du 5 février 1810.
(3) Loi du 3 août 1844.
(4) Loi du 19 juillet 1793 et décret du 5 février 1810, com-
binés.
(5) Loi du 19 juillet 1793, art. 2 et 17.

minal an XIII, qui assimile en droits aux auteurs les propriétaires des ouvrages posthumes, et vous aurez, à quelques dispositions réglementaires près (1), le code de la propriété littéraire en France.

Il n'est pas besoin d'en démontrer l'insuffisance, elle est évidente, et les incertitudes de la jurisprudence et les discussions de la doctrine réclament depuis longtemps une loi complète sur la matière. C'est pour répondre à ces besoins qu'un projet de loi avait été présenté à la Chambre des députés en 1841. On sait l'histoire de cette proposition. Le Gouvernement et la Commission, absorbés par la question philosophique que nous avons indiquée au commencement de cet travail, avaient donné peu de soin à la rédaction des formules pratiques de la loi. Il en résulta que la discussion offrit un spectacle assez étrange. A chaque difficulté soulevée, à chaque explication demandée sur la portée précise de telle disposition du projet, le ministère et la Commission montraient des incertitudes, des hésitations qui indiquaient évidemment que, ni d'une part, ni de l'autre, on n'avait songé aux conséquences possibles (2).

Après avoir tenté d'étayer, au moyen d'amendemens, le

---

(1) La plus importante, est celle qui subordonne l'exercice de la propriété littéraire à l'accomplissement d'une formalité préalable, qui consiste dans le dépôt d'un certain nombre d'exemplaires de l'ouvrage entre les mains d'une autorité à ce préposée. V. Loi du 21 octobre 1814 et ordonnance du 9 janvier 1828.

(2) Nous n'indiquerons que les deux questions relatives à la saisissabilité par le créancier du droit de publication et au caractère à assigner aux droits d'auteur pendant le mariage au point de vue de la communauté, de la quotité disponible et des héritiers à réserve. Au reste, nous dirons tout de suite qu'on chercherait vainement la solution de ces difficultés dans les lois étrangères, même dans celles qui se qualifient de lois *sur la propriété littéraire*. Toutes, en définitive, n'ont réussi qu'à faire une loi sur la contrefaçon, rien de plus.

malencontreux projet qui faisait eau de toutes parts, la chambre n'aboutit qu'à des décisions contradictoires, et, au vote sur l'ensemble, la loi fut rejetée. Toutefois, le principe fondamental de la loi a réuni une majorité telle qu'il paraît désormais un fait acquis. Le Gouvernement avait proposé le délai de trente ans pour les héritiers; la Commission, préoccupée de la théorie du droit à perpétuité, avait proposé, à titre de conciliation, et en réservant le principe, que le délai fût provisoirement porté à cinquante années. Cette proposition fut rejetée, et le délai de trente ans adopté à une majorité considérable. C'est à peu près le seul point sur lequel une masse d'opinions arrêtées a pu se rallier.

De même que la propriété littéraire est un droit d'une nature spéciale, de même la violation de ce droit constitue un délit d'une nature spéciale. Ce délit, c'est la contrefaçon qui, d'après la loi et la jurisprudence française, existe toutes les fois qu'il y a atteinte au droit exclusif de l'auteur, par une reproduction faite sans son consentement et susceptible de lui causer un préjudice. Mais il ne faut pas confondre la contrefaçon avec une imitation plus ou moins répréhensible sous le point de vue purement artistique ; le plagiaire n'est pas le contrefacteur. L'un est, en quelque sorte, le frêlon de la littérature, l'autre en est le pirate. C'est le préjudice que la reproduction illicite est susceptible d'apporter au droit exclusif de l'auteur, qui sert de ligne de démarcation entre la contrefaçon et le plagiat. La loi punit le délit de l'amende et de la confiscation (1); elle laisse à l'opinion publique le soin de juger le plagiat.

Nous devions, avant d'aborder les législations étrangères, rappeler ces principes. On verra qu'ils n'ont pas été partout compris de même.

---

(1) Code pénal, art. 427 et 429.

II. — *L'Angleterre.* — *La Belgique.* — *La Suisse.*

On ne peut citer la France sans qu'aussitôt on ne soit
amené à parler de l'Angleterre. La puissante influence
qu'exerce sur le monde, à des titres si divers, le génie des
deux peuples, fait toujours rechercher les comparaisons
entre eux, et le résultat de cette étude est le plus souvent
de constater des dissemblances. La législation anglaise sur
le droit des auteurs n'y fait pas exception. Là, comme ailleurs, l'originalité britannique a établi des règles qui paraissent ne s'être inspirées que d'elles-mêmes, car on ne
les retrouve dans aucun autre pays.

La législation anglaise sur la propriété littéraire a introduit dans la langue juridique un mot qui a été adopté par
beaucoup de jurisconsultes, et qui désigne bien en effet la
nature spéciale de cette propriété : c'est le mot de *droit de
copie (copy-right)*. Quant à la durée de ce droit exclusif,
l'Angleterre ne l'a empruntée à aucune législation. Un acte
de Georges III, du 29 juillet 1814, l'avait fixée à vingt-
huit ans pour l'auteur et ses ayans-cause. Si, à l'expiration de ce terme, l'auteur vivait encore, il le conservait
pendant le reste de sa vie (1). Cette législation, quoique
vivement attaquée en Angleterre, resta en vigueur jusqu'en
1842. Un bill, *the copy-right bill*, du 1er juillet de cette
année, voté après de longues discussions, sur l'initiative
d'un membre de la chambre des communes, M. Mahon, a

_____

(1) Aux Etats-Unis, la loi du 3 février 1831 offre des dispositions analogues. Tout citoyen des Etats-Unis ou y résidant
seulement a le droit exclusif de reproduction de son œuvre
pendant vingt-huit ans, à partir du jour où il a légalement
fait constater son droit. A l'expiration des vingt-huit ans,
ce délai est prolongé de quatorze nouvelles années au profit de
l'auteur, s'il est encore vivant, ou de sa veuve et de ses en-
fants, s'ils existent. Mais une disposition curieuse de cette loi,
est l'article 8 qui déclare avec le plus grand soin qu'on peut
importer de l'étranger toute espèce d'ouvrages sans exception.
On ne pouvait faire à la contrefaçon un appel plus complai-
sant. L'offre a été digne de la demande. La contrefaçon a
inondé l'Amérique de ses produits.

organisé les droits des auteurs sur des bases nouvelles.

L'histoire de ce bill a cela de remarquable qu'elle fait connaître une de ces singulières évolutions qui arrivent plus d'une fois dans les assemblées législatives. M. Mahon, se conformant aux lois des autres pays, proposait de laisser la propriété à l'auteur pendant sa vie et à ses héritiers pendant un certain temps, qu'il fixait à vingt-cinq ans. Ce système paraissait avoir beaucoup de chance d'être voté, lorsqu'un membre, M. Macaulay, combattit avec beaucoup de verve la proposition de M. Mahon, par ce motif que, fixer un terme absolu de propriété pour toutes œuvres, sans distinguer à quelle époque l'auteur avait pu les produire, c'était donner aux faibles essais de la jeunesse plus de protection qu'aux travaux réfléchis de l'âge mûr. Suivant l'honorable membre, une étude attentive prouvait que les grands écrivains de l'Angleterre avaient produit leurs principales œuvres dans les dix-sept dernières années de leur vie.

Or, avec le système de M. Mahon, leurs premières œuvres eussent joui d'une protection plus longue que celles qui étaient devenues classiques. Les stances écrites à Cromwell par Dryden, au commencement de sa carrière littéraires, *les Pastorales*, composées par Pope, à seize ans, auraient donc trouvé dans la loi une garantie plus efficace que l'*Essai sur la poésie dramatique*, et l'*Essai sur l'homme*. Partant de cette idée, M. Macaulay proposait de joindre à la période existante de vingt-huit ans, une autre période de quatorze ans en l'appliquant, si l'on peut s'exprimer ainsi, *à la vie des œuvres et non à la vie des auteurs*, et en assurant à chaque manuscrit individuellement un droit exclusif de reproduction pendant quarante-deux ans. Ce système, qui reposait sur des données justifiées la plupart du temps par les faits, séduisit le Parlement. Ajoutons que l'illustre Peel lui apporta le secours de son adhésion, en proposant cependant de prolonger, pendant sept ans, le droit de propriété littéraire au profit des héritiers, à partir du décès de l'auteur, dans le cas où les quarante-deux ans auraient expiré durant sa vie. Telle est aujourd'hui la loi anglaise, véritable hommage rendu à la supériorité intellectuelle, et qui, à ce titre, est digne de sérieuses méditations.

Pour compléter la législation anglaise sur ce point, il faut noter l'acte du 9 septembre 1835, de Guillaume IV, sur les œuvres oralement émises (*lectures*), telles que les discours, les leçons prononcées dans les lieux publics, qui, en Angleterre, comme chez nous et en Allemagne, ont divisé les auteurs et la jurisprudence. La plupart des lois étrangères, et la jurisprudence française, se sont prononcées sur ce point d'une manière absolue , en décidant que les leçons d'un professeur ne pouvaient être reproduites. L'acte de Guillaume IV a fait, dans cette matière, une distinction remarquable; il pose en principe que la leçon orale ne peut être reproduite; mais il excepte les œuvres oralement émises dans une université, dans une école ou dans un collége publics, ou par des personnes qui y seraient obligées en vertu d'une donation. La loi anglaise a considéré, non sans quelque raison, que, la rémunération étant donnée au professeur dans un but d'utilité publique, le droit de reproduire le discours ou la leçon était dévolu à tous.

Après cette rapide excursion au-delà de la Manche, revenons sur le continent. Il est un pays à nos portes, dont le territoire n'est séparé du nôtre que par la ligne imaginaire des traités, et dont le nom est en quelque sorte synonyme de contrefaçon. Nous voulons parler de la Belgique. On a tout dit depuis longtemps sur l'état de la contrefaçon dans ce pays; nous ajouterons qu'à force d'en parler, on a fini par en dire trop. On ne s'est pas contenté de flétrir, comme elle le méritait, cette industrie exotique qui, en tarissant dans sa source la sève du génie national, porte en elle-même le germe de sa propre ruine, on est tombé dans l'exagération. A entendre certains écrivains, qui semblent n'avoir étudié la question que de loin, l'industrie belge aurait monopolisé à son profit le commerce extérieur de la littérature française. Par le vaste développement de sa spéculation, elle aurait rendu impossible sur les marchés étrangers, non-seulement la concurrence du travail légitime de nos presses, mais même toute exploitation rivale. En un mot, la valeur de ses exportations dépasserait de beaucoup celle de nos exportations nationales. Certes, ce n'est pas nous qui chercherons à diminuer ni à excuser le grave préjudice que cause à notre librairie la contrefaçon belge; mais il est bon de rétablir, comme on dit aujourd'hui, la vérité vraie. Il n'y a qu'un moyen, c'est de recourir aux sources officielles. En 1847 (1), l'exportation de la librairie

(1) Nous prenons l'année 1847 pour avoir une année nor-

française, à l'étranger, a dépassé 1,033,000 kilog. de livres imprimés; la Belgique en a exporté dans le monde entier 194,546 kilog.

Voilà pour le point de vue le plus général. Passons à un point de vue spécial. On appréciera, à sa juste valeur, cette prétendue concurrence supérieure que nous fait la Belgique, quand on saura qu'elle n'exporte, non pas seulement en Europe, mais sur le marché du monde entier, qu'une quantité de livres à peu près égale à celle que la France exporte dans la Belgique seulement. Nous avons vu tout à l'heure le chiffre total de l'exportation belge en tous pays pendant l'année 1847. Dans cette même année, la France avait exporté 174,810 kilog. de livres en Belgique seulement; c'est donc environ 20,000 kilog. que la Belgique a fournis au marché de l'univers de plus que la France n'a importé chez elle. Prenons une année plus près de nous : en 1849, la Belgique a exporté au total 184,155 kilog. de livres; la France lui en a livré 160,095.

On n'exagère pas seulement les faits; on fait à la législation belge des reproches qui ne s'adressent pas à elle seule. On fait un crime au gouvernement belge de ne pas réprimer chez lui la contrefaçon des livres étrangers : on n'oublie qu'une chose, c'est qu'il en est ainsi dans toutes les législations, c'est qu'en France même, si la contrefaçon étrangère y est presque nulle, ce n'est pas que nos lois la défendent, elles la tolèrent, au contraire, dans le plus grand nombre des cas, c'est que la France est assez riche de ses propres ressources pour n'avoir pas besoin d'emprunter aux autres.

Ceci nous est une occasion de dire une fois pour toutes, afin de n'avoir pas à le répéter de nouveau et d'éviter les confusions, que, dans toutes les législations étrangères qui vont nous passer sous les yeux au cours de ce travail, et qui ont pour objet de réprimer la contrefaçon, aucune n'a en vue la contrefaçon de livres étrangers; il ne s'agit que de la contrefaçon intérieure ou extérieure des ouvrages composés par les régnicoles; pas une législation n'a

---

male la plus rapprochée de nous avant la révolution de Février. Depuis, cette proportion est restée à peu près la même. Les chiffres suivans sont pris dans les tableaux officiels de la douane, publiés en France et en Belgique, et se rapportent, bien entendu, au commerce spécial.

encore eu le courage de proclamer, sans réciprocité, la prohibition de la contrefaçon des ouvrages étrangers.

Pour en revenir à la Belgique, nous avons tenu à constater l'état réel des choses afin de rectifier l'opinion erronée qu'on pourrait se faire sur ce point. A force de considérer la Belgique comme le seul danger à conjurer, on finit par oublier les autres pays, qui ont bien aussi leur part dans cette piraterie des livres. En veut-on un exemple : On connaît cette belle édition de l'*Histoire des Peintres*, actuellement publiée par l'éditeur Renouard, et dont le texte est enrichi de gravures sur bois admirablement exécutées. Un contrefacteur allemand n'a rien trouvé de plus légitime que d'obtenir une reproduction informe de ces belles planches au moyen d'un grossier décalquage. Le tout, à l'heure qu'il est, se vend au public allemand comme l'édition originale de Renouard, et se débite, non dans l'ombre, mais en plein soleil, au *verlags-comptoir* de Grimma et de Leipsig. Quel recours avait l'éditeur contre ce trafic aussi préjudiciable à ses intérêts qu'à son honneur ? Aucun. Aussi s'est-il contenté de dénoncer le fait à la loyauté de la librairie européenne, et tout a été dit.

Il nous reste à dire un mot sur la législation intérieure des Pays-Bas.

La Belgique a été successivement régie par les lois de l'empire français et du royaume des Pays-Bas aux époques de sa réunion à ces deux pays. Depuis la fin du dix-huitième siècle, la perpétuité de la propriété littéraire était reconnue à l'auteur et à ses héritiers dans la patrie des Elseviers, des Blœu et autres imprimeurs célèbres dans l'art typographique. La Hollande, devenue la république Batave, avait conservé cette législation; ce n'est qu'en devenant partie intégrante de l'empire français qu'elle avait été soumise à notre législation. Quant à la Belgique, réunie, comme on sait, à notre territoire dans les premières années de la révolution, elle n'avait pas cessé depuis ce moment d'être soumise à nos lois, dont elle avait dû garder une empreinte plus profonde. Aussi, lorsque, à la suite des désastres de l'empire, le royaume des Pays-Bas fut formé de la Belgique et de la Hollande, l'antagonisme éclata sur ce point, comme sur bien d'autres, entre les deux pays que le traité de Vienne avait soudés l'un à l'autre. Il fallut organiser une législation différente pour les deux provinces. Le droit de propriété perpétuelle fut de nouveau proclamé dans la Néerlande, et, dans ce but, on n'eut besoin que de faire revivre les anciennes lois. En Belgique, au contraire, ce fut le principe de propriété temporaire qui triompha. Un arrêté du 23 septembre 1814 attribua le droit exclusif de reproduction à l'auteur, pendant sa vie, ainsi qu'à ses héritiers et à sa veuve pendant la leur. Le principe contenu dans ce dernier système avait pour lui l'équité et par conséquent l'avenir. Il ne tarda pas à s'imposer à la Hollande elle-même. Une loi générale, du 15 janvier 1817, étendit à tout le royaume des Pays-Bas le système belge de propriété temporaire, en donnant le droit exclusif de copie, suivant l'expression anglaise, à l'auteur pendant sa vie, et à ses ayans-cause pendant vingt ans après son décès. La révolution de septembre 1830 a fait de la Belgique un royaume indépendant. Depuis ce moment, aucune loi n'a été faite sur ce point, et de fait, elle n'en sent guère la nécessité. La contrefaçon a tué chez elle toute force d'initiative littéraire. Pour avoir des pièces de théâtre et des romans nationaux, elle en est à fonder des prix Monthyon, destinés à des auteurs problématiques. C'est là la plus cruelle et la plus juste des punitions qui puisse être infligée à une nation. C'est elle, peut-être, qui, dans un temps peu éloigné, déterminera la Belgique, en surexcitant son amour-propre national, à rejeter de son sein une industrie qui est pour elle une cause de décadence, comme elle est une cause de ruine pour ses voisins.

Un mot sur la Suisse, en terminant. Il n'existe point de lois dans la Confédération qui offre des garanties réelles à la propriété littéraire. Un ouvrage imprimé dans un canton pourrait être impunément contrefait dans un canton voisin. Mais dans ce pays, le mouvement de la librairie est concentré dans quelques maisons importantes, chez lesquelles la loyauté commerciale est de tradition. La Suisse vient la cinquième dans l'ordre de nos exportations littéraires.

## III. — L'Allemagne.

Dès le commencement de ce siècle, l'Allemagne avait été la partie de l'Europe où la contrefaçon s'était le plus étendue. Le magnifique essor que ce pays avait pris, depuis Leibniz, dans les sciences, dans la littérature, dans la philosophie, avait donné un grand développement au commerce des livres, et la contrefaçon avait trouvé un champ d'exploitation d'autant plus facile dans ces contrées si morcelées, qu'elle y était favorisée par l'uniformité de langue, de mœurs, de goûts artistiques et littéraires, existant entre les peuples des divers Etats allemands. C'était en Wurtemberg qu'elle avait son principal siége. Là, se trouvaient de vastes ateliers de contrefaçon, dont les produits se répandaient dans toute l'Allemagne. Cette piraterie organisée causait un grand préjudice au commerce de librairie des autres Etats indépendans, en lui enlevant à la fois des bénéfices considérables et en paralysant tous les efforts qui pouvaient se produire chez chacun d'eux, pour y créer une industrie nationale. Cet état de choses, tout intolérable qu'il était, n'avait pu être modifié jusqu'en 1815. La guerre avait été jusqu'alors la principale occupation des gouvernemens en Europe, et le sol de la vieille Germanie, incessamment foulé aux pieds de nos armées, ne pouvait attendre que d'une époque d'ordre et de paix la réforme d'un pareil régime.

La veille même du jour où le grand traité qui refaisait encore une fois la carte d'Europe se signait à Vienne, le 8 juin 1815, se concluait dans cette même capitale de l'Autriche le premier acte qui organisait la Confédération Germanique, en plaçant à sa tête une Diète investie du pouvoir suprême. Plusieurs articles de cet acte chargeaient spécialement la Diète du réglement de certains objets d'un intérêt général, et, dans le nombre, se trouvait la propriété littéraire. Ce n'est pas que cette propriété ne fût nullement réglementée dans les Etats de la Confédération. Plusieurs de ces Etats, et, pour ne parler que des principaux, la Prusse, l'Autriche, le grand-duché de Bade, avaient inséré dans leurs Codes mêmes des dispositions relatives à cette matière; mais, outre que ces dispositions étaient inefficaces, elles avaient de plus l'inconvénient de constituer une législation différente, variable, nuisible par conséquent à l'accord des divers Etats entre eux. Un des articles de l'acte du 8 juin 1815 stipulait que la Diète s'occuperait, dès sa première réunion, d'une législation uniforme sur la liberté de la presse, et des mesures à prendre pour garantir, dans les Etats de la Confédération, les auteurs et les éditeurs contre la contrefaçon de leurs ouvrages.

Quels que fussent les termes exprès de cette déclaration,

ses résultats devaient se faire attendre longtemps. Au mois de juin 1818, une Commission était nommée par la Diète pour préparer un travail sur cet objet. Près d'un an après, elle communiquait son rapport aux différens Gouvernemens, et dix-sept ans s'écoulaient avant qu'on pût formuler l'ensemble de dispositions qui devait bannir la contrefaçon de toute l'étendue de la Confédération. La promesse de la Diète fut enfin réalisée, au moins provisoirement, par la loi fédérale du 9 novembre 1837 (1). Cette loi consacrait le droit de propriété littéraire, c'est-à-dire le droit exclusif de *multiplication* au profit de l'auteur ou de ses ayans-droit, dans tous les Etats de la Confédération, pendant dix ans, à partir de la publication de l'ouvrage. Elle ne se bornait pas à punir le fait isolé de la contrefaçon, elle prohibait, sous les mêmes peines, le débit, soit que les exemplaires contrefaits l'eussent été dans les Etats de la Confédération, soit qu'ils l'eussent été au dehors. Quant à la sanction de ces dispositions, la loi fédérale se bornait à prononcer contre le contrefacteur la confiscation du matériel et des exemplaires contrefaits, laissant à la juridiction de chaque Etat le soin d'organiser la répression. En terminant, la Diète déclarait qu'elle examinerait, au bout d'une période de cinq années, s'il ne serait pas opportun de prolonger le délai de dix ans accordé à la propriété littéraire (2).

En effet, en 1845, dans sa séance du 19 juin, la Diète étendit et compléta les dispositions de la loi du 9 novembre 1837. Au lieu de dix ans, le droit exclusif de reproduction fut réservé à l'auteur sa vie durant et trente ans après sa mort aux ayans-droits. La loi de 1837 n'accordait pas de garantie aux ouvrages anonymes ou pseudonymes, aux œuvres posthumes et à celles qui émanent d'un être moral, comme les universités, les académies. Ces divers produits

---

(1) Cette date est celle de la séance de la Diète, dans laquelle fut prise la résolution dont il est question ici.

(2) Cette loi contenait aussi une disposition d'un effet rétroactif remarquable. Elle statuait que la période de dix ans ne commencerait que du jour de la date de la loi pour les ouvrages imprimés qui avaient paru, depuis les vingt dernières années, dans l'étendue du territoire de la Confédération. Ce n'était là qu'une réparation tardive des dommages causés à la propriété littéraire par l'industrie des contrefacteurs.

de la pensée obtinrent une protection de trente années, à dater de la publication.

Telles ont été, jusqu'au moment de sa dissolution par le contre coup de la révolution de Février, les mesures décrétées par la Diète de Francfort pour protéger la propriété littéraire dans toute l'étendue de la Confédération Germanique. On sait ce qu'était la Confédération telle que l'avaient créée les traités de 1815 et l'acte final de 1820; — une réunion d'Etats, dont le but déclaré (1) était le maintien de la sûreté intérieure et extérieure de l'Allemagne, de l'indépendance et de l'inviolabilité des Etats confédérés. Les affaires qui intéressaient l'être collectif qu'on appelait la Confédération étaient confiées à une Diète composée des plénipotentiaires de chaque Etat. Nous avons vu que, parmi ces affaires d'intérêt général, le premier acte constitutif de la Confédération du 8 juin 1815 avait placé la législation à faire pour sauvegarder la propriété littéraire.

Les arrêtés de la Diète, une fois rendus, étaient obligatoires pour tous les Etats composant la Confédération, indépendamment de la promulgation dans chacun d'eux. Bien que cette formalité ne fût pas prescrite par les actes constitutifs, cependant, en général, elle se faisait par un décret du Gouvernement, qui était imprimé avec l'arrêté de la Diète dans le recueil des lois de chaque Etat. C'est ainsi que les arrêtés de la Diète de 1837 et de 1845 furent promulgués dans tous les pays confédérés.

Il résulte des observations qui précèdent que, pour toute la Confédération, la propriété littéraire se trouvait organisée par les arrêtés fédéraux de 1837 et de 1845. Mais c'est ici que se place une remarque importante: les arrêtés de la Diète, relatifs aux droits des auteurs, en devenant obligatoires pour chaque Etat, n'abrogeaient pas les dispositions particulières qui pouvaient exister chez lui, et n'empêchaient pas que de nouvelles lois pussent être faites sur cette matière, à cette fin que les unes et les autres, bien entendu, organisassent plus efficacement la garantie de la propriété littéraire, et réglassent les points de détails qui eussent été déplacés dans une loi fédérale, laquelle ne pouvait que poser les principes, tirer les grandes lignes. De cette manière, le but était atteint. La propriété lit-

---

(1) Voyez les articles 53 et suivans du traité de Vienne.

2

téraire, dans tous les Etats de la Confédération, avait, *au moins*, pour sauvegarde, les mesures décrétées par les arrêtés de la Diète.

La plupart des Etats, en effet, ne tardèrent pas à publier des lois spéciales; à leur tête, il faut citer la Prusse, qui n'avait même pas attendu les décisions de la Diète pour rendre une loi qui est encore une des mieux faites de celles qui régissent aujourd'hui la matière. Cette loi avait été publiée en Prusse par une ordonnance du 17 juin 1837, et, comme nous le verrons tout à l'heure, elle était beaucoup plus complète que la loi fédérale du 9 novembre 1837. Un grand nombre d'Etats de la Confédération suivit l'exemple de la Prusse, à plus ou moins de distance. Ainsi, la Saxe en 1844, l'Autriche en 1846, le Brunswick, la Bavière, ont publié des lois qui procèdent évidemment de la loi prussienne. Le Wurtemberg, après quelques efforts pour suivre la même voie, s'en tint aux arrêtés de la Diète.

Les lois les plus remarquables et par l'ensemble de leurs dispositions et par l'importance des pays dont elles émanent sont, dans l'ordre chronologique, les lois de Prusse, de Saxe et d'Autriche.

La Prusse est un pays où le législateur a montré le plus de sollicitude pour les droits des auteurs. Les Codes *Frédéric* de 1749 et de 1751, les Codes généraux de 1791 et de 1794 contenaient déjà des dispositions remarquables sur la propriété littéraire au point de vue civil et criminel. Ces dispositions furent remplacées, le 11 juin 1837, par la loi qui porte cette date, et qui a imposé ses bases au reste de l'Allemagne, autant par l'équité de ses décisions que par le principe de réciprocité qu'elle proclamait et les nombreuses Conventions que la Prusse conclut dans la suite avec divers Etats allemands.

La loi prussienne n'a point pris parti pour l'une ou l'autre des théories qui divisaient alors comme elles divisent encore aujourd'hui les jurisconsultes sur la question de savoir si le droit des auteurs est une propriété ou simplement un privilège accordé par la loi. Elle s'intitule : *Loi destinée à protéger contre la contrefaçon et l'imitation les œuvres de science et d'art;* et, laissant de côté les définitions et les principes, elle proclame, tout d'abord, que le droit de faire imprimer ou de faire multiplier, par un procédé mécanique quelconque, tout ou partie d'un écrit, appartient exclusivement à son auteur, ou aux ayans-cause de celui-ci. Ce droit, avec les garanties qu'elle organise pour le sauvegarder, appartient à l'auteur pendant toute sa vie, et à ses héritiers pendant trente ans, à partir de sa mort. Mais il est à remarquer que cette protection n'existe qu'au profit des ouvrages qui portent le véritable nom de l'auteur. A l'égard de l'ouvrage qui a été publié sous le voile de l'anonyme ou du pseudonyme, la loi édicte des dispositions toutes particulières. En principe, il n'est couvert de la protection de la loi que pendant quinze années, et le droit de l'invoquer est dévolu à l'éditeur, aux lieu et place de l'auteur inconnu ; mais si, dans l'intervalle des quinze années, le véritable nom de l'auteur est rendu public par l'auteur lui-même ou par ses héritiers, l'ouvrage jouit de la protection ordinaire.

Quant aux académies, aux universités, aux établissemens d'instruction publique et aux sociétés savantes autorisées, ils jouissent pendant trente ans du droit exclusif de publier leurs ouvrages.

La loi prussienne qualifie de contrefaçon toute multiplication nouvelle qui a lieu sans l'approbation de l'ayant-droit exclusif « de manuscrits de tout genre » ; et, tranchant une question qui a donné lieu plus tard, chez nous et ailleurs, à de vives discussions, elle déclare contrefaçon la reproduction de sermons prononcés ou de cours professés oralement (1). Quant aux traductions, en principe, la loi prussienne n'y met point obstacle. Elle ne les assimile aux contrefaçons que dans les deux cas suivans : 1° Lorsqu'on traduit en allemand un ouvrage que l'auteur a publié dans une langue morte ; 2° lorsque l'auteur d'un ouvrage l'ayant fait paraître simultanément en plusieurs langues vivantes, on traduit ce même ouvrage en l'une des langues dans lesquelles il a paru originairement, ou encore lorsque l'auteur ayant déclaré se réserver la traduction dans une langue, cette traduction a paru dans les deux ans de la publication de l'ouvrage.

La loi prussienne appelle, comme nous, la contrefaçon

---

(1) Mais faut-il, pour que la contrefaçon existe, que le reproducteur ait eu l'intention de retirer un bénéfice ? La question s'éleva en Prusse, en 1844. Le ministre de la justice demanda, sur ce point, l'avis de la Cour suprême de justice. La Cour, à la majorité de 18 voix contre 11, se prononça pour la négative.

un délit, et la poursuite ne peut avoir lieu que sur la plainte de la partie lésée. Dans ce cas, le contrefacteur est passible de la confiscation des exemplaires fabriqués et d'une amende qui varie de cinquante à mille écus de Prusse (185 à 3,700 fr.). De plus, il est tenu d'indemniser l'auteur ou ses ayans-droit en totalité du préjudice causé (1).

La Saxe se trouvait dans une situation particulière. Seule de tous les Etats allemands, elle admettait la perpétuité de la propriété intellectuelle. Elle dut suivre l'impulsion donnée par la Prusse. La loi du 22 février 1844, adoptée par les Etats de Saxe, vint réglementer les droits d'auteurs dans ce pays. Nous disons : les droits d'auteurs, et non : la propriété littéraire. Ce n'est pas encore assez, il faudrait dire : les intérêts matériels de l'auteur, car cette loi s'est encore attachée avec plus de soin que la loi prussienne à laisser de côté la question de principe ; elle n'a entendu réglementer que le droit de reproduction et le protéger contre la contrefaçon, rien de plus. Aussi, donne-t-elle à ce délit un sens plus restreint que la loi prussienne. Tandis que cette dernière voit une contrefaçon dans toute multiplication de l'œuvre faite par un moyen mécanique quelconque, la loi saxonne exige de plus que cette multiplication soit susceptible de causer un préjudice pécuniaire à l'auteur, et en ceci, elle s'est inspirée des principes consacrés par notre jurisprudence en cette matière. Ainsi, pour qu'il y ait contrefaçon, il faut, d'après les termes mêmes de la loi saxonne, que l'œuvre soit, de sa nature, susceptible de procurer un avantage pécuniaire à l'auteur, et que, *dans l'intention de celui-ci, elle ait cette destination* ; d'où il suit que cette loi ne défend pas la copie d'une production littéraire en tant qu'elle n'est pas suivie d'une multiplication par des moyens mécaniques, ni même, — c'est ici qu'apparaît surtout le caractère de la loi, — les multiplications par des moyens mécaniques quand elles ont pour objet un ouvrage qui n'est pas destiné à procurer à son auteur un avantage pécuniaire.

Mais comment cette destination sera-t-elle prononcée ? A cet égard, toute latitude est laissée à l'auteur pour la

(1) Le dommage s'évalue en raison des exemplaires vendus. Le juge le fixe d'après le prix de librairie d'un nombre d'exemplaires qui n'excède pas 1,000, à moins qu'on ne prouve que le dommage a été plus considérable.

démontrer, au juge pour l'apprécier. Elle résultera le plus souvent de ce fait que l'auteur aura transmis son œuvre à un tiers à titre onéreux.

Le but de la loi saxonne, on le voit, a donc été uniquement de protéger un *droit pécuniaire* contre un *préjudice pécuniaire*. C'est au droit commun ou à une loi à faire qu'il appartient de régler tout ce qui peut se trouver en dehors de cet intérêt purement matériel et constituer ce qu'on pourrait appeler les intérêts intellectuels de l'auteur.

Ceci posé, la loi saxonne appelle le droit de multiplication de l'œuvre un *droit de fortune*, et, en cette qualité, transmissible. Ce droit s'éteint, comme en Prusse, par un laps de trente années, mais qui court, dans le cas où l'auteur est connu et où il survit à la publication de son œuvre, à partir du 1ᵉʳ janvier qui suit le dernier moment de son existence (1). Dans tous les autres cas, le délai court à partir du 1ᵉʳ janvier qui suit la première publication de l'œuvre.

Quant aux peines prononcées contre le contrefacteur, la loi saxonne reproduit celles de la loi prussienne.

En Autriche, le Code civil de cet Empire, promulgué en 1811, contenait quelques dispositions sur les droits d'auteurs. D'après ce Code, ces droits n'étaient que viagers. Un fait digne de remarque, et qui caractérise bien l'incertitude dans laquelle se trouvaient les jurisconsultes d'outre-Rhin sur le caractère à assigner aux droits d'auteurs, c'est la place même qui fut donnée dans le Code autrichien aux articles qui réglementaient ce droit. Ces articles sont placés au chapitre intitulé : *Des contrats de louage de services à titre onéreux* (2). Nulle part, le mot de propriété n'est prononcé. Il semble que ce qui préoccupe

---

(1) Il s'ensuit que, dans certains cas, le droit d'auteur, en Saxe, pourra durer plus longtemps qu'en Prusse. En effet, si un auteur meurt le 2 janvier, il en résultera que le délai ne pourra courir que du 1ᵉʳ janvier suivant, de sorte qu'en réalité ses héritiers auront le droit de multiplication pendant trente et un ans. Ce système est évidemment bizarre. Le délai absolu de trente ans, de la loi prussienne, est plus logique.

(2) Dans le Code prussien de 1801, cette matière est comprise dans la section intitulée : *Des Contrats par lesquels on promet des choses pour des actes ou des actes pour des actes.*

surtout alors le législateur autrichien, c'est le droit de l'éditeur bien plus que celui de l'auteur. On voit que la question de principe est laissée de côté. Il ne s'agit que de régler les effets du contrat intervenu entre deux personnes, dont l'une a loué les services de l'autre pour un emploi déterminé, lequel est la multiplication d'un écrit par la voie de l'impression. Le contrat une fois conclu, l'auteur s'est dépouillé du droit de céder une nouvelle édition du même ouvrage à un autre.

La propriété littéraire fut régie par ces dispositions en Autriche jusqu'au moment où les décisions fédérales que nous avons fait connaître établirent successivement, en 1837 et en 1845, une législation uniforme pour tous les Etats de la Confédération (1).

L'Autriche fut la dernière à suivre l'exemple de la Prusse. Le 19 octobre 1846, elle promulgua à son tour une loi spéciale. Au fond, cette loi, très développée (elle ne comprend pas moins de trente-neuf paragraphes, entremêlés d'une foule d'alinéas indiqués par les lettres de l'alphabet, suivant l'usage des jurisconsultes allemands), n'a rien innové au-delà du dernier arrêté de la Diète (2). Elle pro-

---

(1) Il y a ici une observation importante à faire. Le royaume Lombardo-Vénitien fait partie de l'empire d'Autriche, mais non de la Confédération Germanique. Le Code civil général de l'Empire, promulgué le 1er juin 1811, dans les Etats héréditaires allemands, l'a été dans le royaume Lombardo-Vénitien le 31 mai 1815. Ce royaume ne faisant pas partie de la Confédération Germanique, n'était donc pas régi par les arrêtés de la Diète. Le droit commun pour lui en matière de propriété littéraire, comme sur d'autres points, était le Code civil d'Autriche. Mais lorsque l'empereur publia, dans ses Etats, les arrêtés de la Diète de 1837 et de 1845, il eut soin d'étendre ces arrêtés aux provinces du royaume ne faisant pas partie de la Confédération, en tant que les Gouvernemens confédérés appliqueraient ces dispositions aux habitans de ces provinces. De cette manière, la législation de la Diète devint applicable, au moins à titre de réciprocité, dans le royaume Lombardo-Vénitien. Il en fut ainsi jusqu'au moment où on décréta la loi impériale, du 19 octobre 1846, applicable à tout l'Empire, et que nous faisons connaître plus loin.

(2) Cependant, elle est plus explicite dans la définition de la contrefaçon, qu'elle voit dans toute *tentative* faite pour reproduire l'œuvre par des moyens mécaniques sans l'assentiment de l'auteur.

clame le droit exclusif de reproduction pour l'auteur pendant toute sa vie, plus, pendant trente ans au profit des héritiers, en laissant à l'administration la faculté de prolonger ce temps pour certains grands ouvrages d'art ou de science. Mais ce qui caractérise cette loi, c'est qu'elle pose résolument la question de principe, évitée par les lois allemandes qui l'ont précédée. Sur ce point, elle fait contraste avec la loi saxonne. Pour la loi autrichienne, les productions littéraires et les ouvrages d'art sont la *propriété* de celui qui les a créés. C'est ainsi qu'elle définit le droit avant d'entrer dans les applications.

Mais cette loi a un défaut qui se rencontre trop souvent dans les monumens législatifs des pays d'outre Rhin. Le génie spéculatif des Allemands, admirable dans la déduction des principes, les pousse sans cesse aux classifications et à des subtilités de langage qui se traduisent dans leurs lois en détails à l'infini.

Il en est ainsi de la loi autrichienne sur la propriété littéraire. Cette loi, qui a le défaut de vouloir trop prévoir, est embarrassée d'une foule d'articles se rapportant à des définitions ou à des faits qui sont du domaine de la jurisprudence pure. C'est de la législation un peu à la façon du Digeste. On dirait que les rédacteurs ont réuni avec le plus grand soin toutes les questions isolées qui ont pu se présenter devant les Tribunaux pour les faire entrer dans le cadre de la loi. Soin qui serait déjà fastidieux s'il n'était inutile. Les lois qui procèdent par énumération se flattent en vain d'échapper au reproche d'être incomplètes. Dans l'ordre des faits, il est impossible de tout prévoir. On accumule les définitions, on classe les espèces, et le lendemain du jour où la loi est publiée, survient un nouveau fait auquel on n'a pas songé, et qui fait lacune dans cette loi si bien ordonnée.

Ainsi, la loi autrichienne ne se contente pas de dire que la production littéraire est la propriété de l'auteur, puis d'organiser ce droit en laissant à la jurisprudence le soin de déterminer l'auteur, ce qui n'est évidemment qu'une question de fait. Elle définit l'auteur; puis un certain nombre de personnes qu'elle assimile à lui. Elle fait plus : lorsqu'elle a défini la contrefaçon, une multiplication illicite, elle entreprend de réunir dans une énumération tous les faits qui peuvent constituer, soit la contrefaçon même, soit le plagiat, et elle entre dans des détails indignes du législateur, comme, par exemple, quand elle dit : « Est permise la citation textuelle de quelques passages tirés d'ouvrages déjà publiés. »

De même que la loi prussienne, la loi autrichienne ne considère pas, en général, les traductions comme des contrefaçons. Toutefois, il est remarquable que la loi autrichienne ne parle que de la traduction des ouvrages *littéraires*, tandis que la loi prussienne ne distingue pas. Mais, dans ce cercle ainsi restreint, elle laisse aux traductions une plus grande latitude que la loi prussienne. Pour que la traduction ne puisse être faite licitement par un tiers, il faut cette double condition, que l'auteur se soit réservé sur le titre même du livre ou dans la préface, le droit de faire la traduction, et que celle qui a été faite par un tiers, l'ait été moins d'un an après la publication de l'ouvrage original.

À son tour, la traduction faite licitement est protégée contre la contrefaçon.

À l'égard des ouvrages anonymes, pseudonymes, posthumes, et de ceux dont la publication est continuée par les ayans-cause de l'auteur, la loi autrichienne accorde une protection de trente ans, à compter du jour où l'ouvrage a paru pour la première fois. Quant à ceux publiés par les Académies, les Universités ou des sociétés placées sous la garantie de l'Etat, la protection est de cinquante ans; pour les autres sociétés, elle n'est que de trente ans.

Enfin, la loi contient des dispositions particulières pour les ouvrages publiées par volumes ou par livraisons. Si ces différentes parties peuvent être considérées comme ne faisant qu'un seul tout, le délai part de la publication de la dernière livraison. S'il s'agit de collections courantes sur différens sujets, chaque ouvrage séparé, qu'il comprenne un ou plusieurs volumes, est considéré comme formant ouvrage à part.

Les peines portées contre la contrefaçon sont les mêmes que celles de la loi prussienne avec une sanction de plus. En cas de récidive de la part du contrefacteur, l'exercice de son industrie peut lui être interdit.

Nous avons dit plus haut que le Brunswick et la Bavière avaient suivi l'exemple de la Prusse. Le Wurtemberg, après avoir voté à ce sujet des lois provisoires en 1835 et en 1838, s'en tint aux arrêtés de la Diète. Il en est de même du Grand-Duché de Bade, qui, d'ailleurs, a depuis longtemps écrit dans ses Codes le principe de la propriété littéraire. On sait que ce Duché a conservé la rédaction du

Code civil français et l'ordre même de numérotage de ses articles, en y introduisant des changemens et des additions. Parmi ces additions se remarque un chapitre intitulé : *De la Propriété littéraire*. D'après les dispositions de ce chapitre, ce droit s'éteignait par la mort de l'auteur.

En résumé, au moment où la révolution de Février a éclaté, tous les Etats de la Confédération Germanique se trouvaient régis, quant à la propriété littéraire, par les arrêtés de la Diète, sauf les lois particulières, plus favorables à ce droit, qui pouvaient exister dans chacun d'eux. Mais, depuis, un événement a eu lieu dont il est peut-être difficile de déterminer le résultat relativement à la matière qui nous occupe. La dislocation de la Diète, par le contre-coup de la révolution de Février en Allemagne, n'a pas été seulement un fait. On sait que sa dissolution a été solennellement prononcée par l'Assemblée nationale de Francfort, et l'on n'ignore pas que la Confédération, après d'inutiles tentatives pour se reformer sur de nouvelles bases, tendrait aujourd'hui à revenir purement et simplement à son premier état. Quel a été l'effet de cette dissolution de la Diète sur ses arrêtés relatifs à la propriété littéraire dans les Etats qui n'ont pas décrété de lois spéciales à ce sujet? Sont-ils encore régis aujourd'hui par ces arrêtés ? Telle est la question délicate que nous ne nous chargerons pas de résoudre. Nous ferons seulement remarquer qu'elle perd beaucoup de son importance pratique en face de l'union du Zollverein, qui comprend aujourd'hui la Prusse et la presque totalité des Etats secondaires du sud, du centre et du nord de l'Allemagne. La loi prussienne du 11 juin 1837, sur la propriété littéraire, est applicable à tous les Etats du Zollverein (1).

Nous avons vu la législation qui régit la propriété intellectuelle dans l'intérieur de chaque Etat, et dans les relations de ces Etats entre eux comme Confédération. Il nous reste à dire quelle position ces lois ont faite aux étrangers au point de vue international.

---

(1) Par suite de l'adjonction récente du Steuerverein au Zollverein, les Etats allemands qui se trouvent en dehors de cette union douanière sont : l'Autriche allemande et non allemande, les deux Mecklenbourg, les duchés danois de Holstein et de Lauenbourg et les trois villes anséatiques Lubeck, Hambourg et Brême. Tous ces Etats ont un système de douanes à part, indépendant pour chacun d'eux.

Les arrêtés de la Diète de 1837 et de 1845 ayant pour unique objet de cerner et d'étouffer la contrefaçon dans l'étendue de la Confédération, et seulement la contrefaçon relative aux ouvrages publiés en Allemagne, ne contenaient aucune disposition sur les livres publiés à l'étranger. Ils avaient laissé à la législation particulière de chaque Etat le soin de régler cette partie. Les lois de Prusse, de Saxe et d'Autriche y ont pourvu en établissant le principe de réciprocité. La Prusse avait pris l'initiative en déclarant, dans sa loi de 1837, que ses dispositions seraient applicables aux ouvrages publiés dans un pays étranger de la manière dont les lois de ce pays protégeaient les ouvrages paraissant en Prusse. La loi autrichienne a reproduit cette disposition. La loi saxonne l'a fait aussi, mais, de plus, elle assimile l'étranger au Saxon dans deux cas : 1° Lorsqu'il prouve avoir acquis directement ou indirectement le droit de reproduction d'un sujet saxon ; 2° lorsqu'il fait faire conjointement avec un libraire saxon, à compte commun, et dans une imprimerie du royaume, une multiplication de l'œuvre, et que le commerçant national réclame à la fois la garantie légale pour lui et pour l'étranger.

On avait beaucoup espéré des effets de ce principe de réciprocité inscrit dans les lois de chaque pays : l'expérience a démontré qu'en définitive ses résultats pratiques étaient nuls, et n'avaient d'autre avantage que d'offrir une base à des négociations de traités que mille obstacles d'ailleurs ont rendu jusqu'ici infructueuses avec plus d'un gouvernement.

IV. — *L'Espagne.* — *Le Portugal.* — *La Sardaigne.* — *L'Italie.* — *La Turquie.*

De tous les pays qui nous avoisinent, il n'en est pas dont l'organisation judiciaire soit plus ignorée en France que celle de l'Espagne. Nous ne connaissons guère de la Péninsule ibérique que ses institutions politiques dans lesquelles, il est vrai, elle a marché au moins l'égale du reste de l'Europe, tandis qu'elle s'immobilisait dans le chaos de ses lois civiles et de ses coutumes locales. Cependant un mouvement intellectuel qu'on ne saurait méconnaître s'est produit en Espagne depuis un certain nombre d'années et la pousse hors de ce douloureux passé plein de sang et de ruines dans lequel elle s'est affaissée si longtemps ; elle répare ses finances ; elle a déjà un Code pénal et un Code de commerce, et elle fait chaque jour de nouveaux efforts pour élever sa législation civile à la hauteur des lois modernes.

A ce titre, l'Espagne, dans l'histoire de la législation sur la propriété intellectuelle, mérite une mention spéciale. Elle s'est beaucoup occupée de réglementer cette partie du droit, et les lois qu'elle a décrétées à cet égard ne sont pas restées moins ignorées que les autres. Jusqu'à Charles III, les rois d'Espagne s'étaient réservé le droit de concéder aux auteurs le privilége qui leur permettait de publier leurs œuvres à l'exclusion de tous autres. Mais ce privilége, essentiellement précaire, pouvait être à tout moment concédé à un autre, et, dans ce Gouvernement monastique, ce fait se produisait surtout au profit des communautés séculières et régulières qui, quand un ouvrage avait du succès, ne manquaient pas de s'en faire concéder le monopole. Charles III avait cependant rendu plusieurs lois qui avaient introduit de sérieuses réformes dans cette partie de la législation. Deux de ces lois, surtout, avaient une véritable importance. L'une établissait qu'il ne serait accordé de privilége pour l'impression d'un livre qu'à celui qui l'aurait composé, l'autre que les priviléges accordés aux auteurs passeraient à leurs héritiers toutes les fois que ceux-ci en feraient la demande, et cela, disait la loi, « à raison des égards que méritent les littérateurs qui « ont illustré leur pays et qui, trop souvent, n'ont laissé « pour patrimoine à leurs familles que l'honorable fruit « de leurs travaux et leur exemple à imiter. »

Ces lois, comme on voit, avaient en apparence un caractère fort libéral. Mais il faut montrer le revers de la médaille. Ce droit perpétuel de quasi-propriété que la loi reconnaissait à l'auteur et à ses héritiers ne pouvait être utilisé par eux qu'après l'autorisation d'un conseil dans lequel la main toujours présente du saint office tenait la plume et se montrait inflexible pour tout ce qui pouvait exciter ses défiances ombrageuses.

Quoi qu'il en soit, les lois de Charles III furent confirmées par une circulaire de 1817 et demeurèrent en vigueur jusqu'à la promulgation d'un décret sur l'impression, la publication et la circulation des livres, rendu le 4 janvier

1834, pendant la minorité de la reine Isabelle, sous la régence de Marie Christine. Ce décret, dont les dispositions abrogeaient implicitement les lois antérieures, se rangeait aux principes que l'exemple de la France avait déjà fait prévaloir en Europe sur cette matière. Le droit d'auteur était déclaré viager et transmissible aux héritiers pour dix années.

La propriété littéraire paraissait ainsi réglée, lorsqu'une ordonnance de 1837, en remettant en vigueur un décret du 22 octobre 1820, restrictif de la liberté de la presse, qui avait été aboli, vint jeter l'incertitude chez les jurisconsultes et dans la jurisprudence espagnols sur la question de savoir si ce décret de 1820, reprenant force de loi, n'abrogeait pas le décret du 4 janvier 1834. C'est pour mettre fin à ces doutes que fut promulguée, le 10 juin 1847, la loi spéciale sur la matière qui avait été adoptée par les Cortès.

Cette loi a le défaut, comme la loi autrichienne et comme beaucoup de lois espagnoles, de contenir des détails qui sont plutôt du domaine de la jurisprudence. Cependant ce défaut, dans la loi espagnole, est loin d'être aussi sensible que dans la loi autrichienne ; elle est, d'ailleurs, plus nettement ordonnée que cette dernière, et elle offre pour nous un intérêt particulier, en ce qu'elle s'est évidemment inspirée, dans plusieurs de ses dispositions, du projet discuté en France, en 1841, et qui fut rejeté par la Chambre des députés. L'influence des lois allemandes sur la même matière paraît, au contraire, avoir été nulle.

Le législateur espagnol s'est franchement rangé du côté de la théorie qui regarde l'œuvre, produit de l'intelligence, comme une propriété. Ce terme revient plus d'une fois dans la loi, et les conséquences qu'on en a tirées relativement à la contrefaçon tendent évidemment à l'exagération. La définition que la loi espagnole donne du droit de reproduction comparée à celle des lois allemandes mérite en effet d'être remarquée. Tandis que celles-ci n'ont en vue que la reproduction par des moyens mécaniques, et l'une d'elle-même, la loi saxonne, la reproduction par des moyens mécaniques causant un préjudice pécuniaire à l'auteur, la loi espagnole, au contraire, réserve exclusivement à l'auteur le droit de reproduction, aussi bien par des copies *manuscrites*, que par des copies faites *mécaniquement*. C'est là, certainement, la preuve la plus énergique que le législateur espagnol ait pu donner de son respect,

peut-être outré, pour le principe de la propriété littéraire.
Cette tendance se remarque encore dans la période d'exercice qu'il accorde à ce droit. Aucune législation moderne
n'en a étendu la durée, pour les héritiers, au-delà de trente
ans. La loi espagnole l'étend, en principe, à cinquante années, et elle confère un droit semblable aux traducteurs *en
vers* (1) des ouvrages écrits dans les langues vivantes ; aux
traducteurs en vers ou en prose des ouvrages écrits dans
les langues mortes, aux auteurs de sermons, de plai-
doyers, de leçons ou de discours prononcés en public, aux
articles originaux publiés dans les journaux, lorsque ces
divers écrits sont réunis et forment collection. Si ces écrits
ne sont pas réunis, la propriété n'en est plus transmissible
aux héritiers que pour vingt-cinq ans.

Ce terme de vingt-cinq ans, mais calculé à partir du
jour de la publication, appartient également à ceux qui
mettent au jour, pour la première fois, un livre manuscrit,
une carte dont ils sont possesseurs légitimes ou qu'ils ont
extraits d'une bibliothèque publique.

Tout, d'ailleurs, dans cette loi atteste la volonté de donner une longue durée aux droits des auteurs. Ainsi les ouvrages posthumes, anonymes et pseudonymes jouissent
d'une protection égale à celle qui couvre les autres œuvres
littéraires. Cette disposition paraît difficile à appliquer.
Voici comment la loi espagnole en trace la mise en pratique : Pour tous les ouvrages posthumes, la durée du droit
court à partir du jour où ils ont paru. Ainsi, tel ouvrage
posthume a été publié dix ans après la mort son auteur ; la durée, pour les héritiers, du droit exclusif de reproduction, sera encore de quarante ans. Quant aux ouvrages anonymes ou pseudonymes, l'éditeur est substitué
à l'auteur, tant que celui-ci ne se fait pas connaître. S'il
vient à l'être de son vivant, il entre dans l'exercice du
droit ordinaire des auteurs ; si, au contraire, son nom n'est
révélé que par ses héritiers, ceux-ci entrent dans l'exercice

---

(1) Nous soulignons le mot *en vers*, parce que, si la traduction est *en prose*, le droit transmis aux héritiers n'est que
de 25 ans ; distinction qui n'est que puérile, si elle ne trouve
pas son explication dans un penchant du caractère national
pour la *langue des dieux*, ou dans un hommage indirect rendu aux 1,800 pièces dramatiques du grand Lope, qui, comme
on sait, n'écrivait qu'en vers.

de leurs droits pendant tout le temps qui reste à courir
pour atteindre le terme assigné à chacune des différentes
classes d'ouvrages, originaux ou traductions.

La disposition qui a trait aux ouvrages publiés par l'E-
tat ou les corps scientifiques est encore digne de remarque. La propriété leur en est garantie pour cinquante ans;
mais il est une classe de livres dont le Gouvernement s'est
réservé le monopole ou au moins le droit exclusif de concession à certaines corporations, ce sont les almanachs et
les livres relatifs au rit ecclésiastique.

La loi espagnole ne contient rien quant au droit international. Elle se borne a insérer une sorte de clause com-
minatoire, d'après laquelle le Gouvernement devra conclure avec les autres puissances des conventions destinées
à garantir la propriété des auteurs des Etats respectifs.
La situation des auteurs étrangers n'y est donc l'objet
d'aucune disposition. On y prévoit seulement le cas où un
auteur espagnol publie pour la première fois son ouvrage
hors du royaume. Il peut invoquer le bénéfice de la loi.
Mais ce droit est soumis à de telles restrictions qu'il est
presque illusoire. En effet, la loi ne se contente pas de
dire que les ouvrages écrits en langue espagnole, imprimés à l'étranger, ne pourront être introduits dans les pays
espagnols sans une permission préalable du Gouvernement. Elle ajoute que cette autorisation ne pourra être accordée qu'à l'œuvre dont l'utilité et l'importance seront
notoires, et pour cinq cents exemplaires au plus, lesquels
restent, comme les livres étrangers, soumis aux droits
ordinaires des douanes. On voit que c'est une prohibition
qui équivaut à peu près à une interdiction.

Enfin, la loi dont nous nous occupons contient une série de dispositions pénales assez semblables au fond à
celles que nous avons déjà fait connaître dans les lois allemandes, mais dont la gradation est différente. La loi espagnole ne semble attacher de sanction pénale contre le
contrefacteur personnellement qu'en cas de récidive. Jusque là, elle paraît se préoccuper surtout de la réparation
particulièrement due à l'auteur lésé. Ainsi, elle livre à ce
dernier tous les exemplaires de l'ouvrage frauduleux et
oblige le contrefacteur à l'indemniser de tout le préjudice
causé. Ce n'est qu'au cas de récidive qu'elle prononce
l'amende. Enfin, en cas de récidive nouvelle, elle ajoute à
ce qui précède une à deux années de prison correctionnelle.

Nous ne dirons que quelques mots d'un pays qui touche à l'Espagne, livré depuis longtemps aux déchiremens des factions, et conséquemment à une anarchie qui a tué chez lui toute prospérité morale et commerciale; nous voulons parler du Portugal, avec qui la France a récemment conclu une convention pour la propriété des auteurs. Il n'avait jamais existé en Portugal de législation offrant des garanties réelles sur cette matière qui était régie par les statuts de l'inquisition. En 1838, lorsque la monarchie portugaise chercha à se consolider en s'appuyant sur une nouvelle Constitution, un article de cette Charte reconnut et garantit la propriété littéraire. L'année suivante, un projet sur cette matière avait été présenté aux Cortès par le député d'Almeida Garrett (1). Ce projet, adopté en 1841, par la Chambre des députés portugais, n'ayant pas été soumis à la sanction de la Chambre des pairs, était resté à l'état de projet, lorsque les négociations entamées avec la France pour la conclusion d'une convention littéraire et artistique le remirent à l'ordre du jour des Cortès au commencement de cette année. Examiné et adopté de nouveau, il allait être soumis à la Chambre des pairs, lorsque les événemens de la dernière révolution survenue en Portugal bouleversèrent de nouveau l'organisation gouvernementale de ce pays. Cependant le traité avec la France avait été signé dans l'intervalle, et les plénipotentiaires portugais s'étant engagés, dès le principe, à faire adopter une loi qui fût en harmonie avec les prescriptions du traité, il devenait urgent de prendre un parti. C'est alors que le cabinet du maréchal Saldanha prit sur lui de soumettre à la signature de la reine, au mois de juillet dernier, quelques jours avant l'échange des ratifications (2), un décret qui n'est que la reproduction du projet élaboré par M. Garrett et adopté en 1841, avec quelques modifications, par la chambre des députés.

Cette loi qui, comme on le voit, n'est pas l'œuvre régulière du pouvoir législatif, mais l'émanation du pouvoir

---

(1) C'est le même qui figure comme plénipotentiaire du Portugal dans la convention littéraire conclue avec la France dont nous parlons plus loin.

(2) Le décret, inséré dans le *Diario do Governo* du 18 juillet, porte la date du 8. Les ratifications de la Convention ont été échangées à Lisbonne le 16 juillet.

dictatorial du maréchal Saldanha, a de grandes préten-
tions, comme toutes les lois qui viennent les dernières et
qui ont beaucoup emprunté aux autres. Elle se croit la plus
parfaite; nous n'en dirons cependant que peu de chose,
bien qu'elle soit la plus étendue de toutes celles dont nous
avons essayé de donner une idée. La masse de ses dispositions se réfère à un ordre de faits en dehors, non-seulement du domaine de la loi, mais encore de la jurisprudence, et qui, dans des pays d'une législation plus avancée, feraient tout au plus l'objet de règlemens d'administration publique (1). Au fond, la loi portugaise, au contraire de la loi espagnole, a beaucoup emprunté aux lois
allemandes, et particulièrement à la loi prussienne, dont
elle a adopté les bases pour la durée du droit (droit viager
pour l'auteur et trente ans pour ses ayans-cause).

En Sardaigne, le nouveau Code civil, qui est en grande
partie rédigé sur le nôtre, règle cette matière par un article unique. L'article 440 dit : « Les productions de l'esprit
« sont la propriété de leur auteur, à la charge d'observer
« les lois et règlemens qui y sont relatifs. » Pour déterminer l'étendue de ce droit, il faut se reporter aux paten-
tes royales du roi Charles-Félix, du 28 février 1826, qui
réservent aux auteurs le droit exclusif d'impression et de
vente de leurs œuvres pendant quinze années (2). Cette
brève disposition du Code de Sardaigne est peut-être la
meilleure par la facilité d'application qu'elle donne au juge.
Elle se borne, en effet, à placer le droit des auteurs parmi
les objets susceptibles de propriété, laissant à la doctrine
et aux Tribunaux le soin de faire à ce droit, dans les limites que son caractère spécial lui fait attribuer, l'application
des règles ordinaires.

Nous avons dit déjà que le royaume Lombardo-Vénitien
était régi par la loi autrichienne du 19 octobre 1846. Quant
aux autres Etats de l'Italie, il n'existe point chez la plupart
d'entre eux de législation sérieuse sur la propriété littéraire. Là, comme en Allemagne, il faudrait un droit uni-

---

(1) Ainsi, la loi portugaise va jusqu'à régler les droits d'entrée des auteurs dans les théâtres.
(2) Par exception, la Convention du 22 avril 1846 entre la
France et la Sardaigne a modifié, en ce qui nous concerne,
cette partie de la législation sarde. Nous en parlerons en son
lieu.

forme pour tous ces Etats qui parlent la même langue. Mais on sait que la politique des princes qui les gouvernent a toujours vu avec répugnance tout ce qui pouvait entretenir de près ou de loin le sentiment de l'unité italienne. Ce résultat unitaire, l'Allemagne l'avait déjà atteint au point de vue commercial qu'en Italie on en était encore aux projets et aux théories. Aussi, autant de pays, autant de législations diverses, lesquelles se réduisent en somme à ce système de concession de priviléges quasi-perpétuels que la plupart des législations modernes de l'Europe ont réformé (1). Cependant les cent éditions et plus des œuvres de Charles Botta et d'Alexandre Manzoni sont là pour attester le mouvement intellectuel qu'avait rendu si vif, dans ces dernières années, le sentiment de la patrie italienne. Quoi qu'il en soit, les Gouvernemens de ce pays ont tenté un effort contre la contrefaçon. Les Deux-Siciles, la Toscane, les Etats-Pontificaux, adhérèrent, en 1840, à la convention qui avait été conclue entre l'Autriche et la Sardaigne pour la répression de la contrefaçon (2); mais les résultats paraissent avoir été insignifians.

Nous terminerons ce coup d'œil sur la législation des droits d'auteurs dans les pays du midi de l'Europe par quelques mots sur la Turquie. Les réformes qui ont régénéré l'Empire depuis 1846, n'ont point encore eu pour résultat d'y faire naître une littérature, mais le mouvement qui tend de plus en plus à jeter la Turquie dans la civilisation européenne s'est fait sentir de ce côté comme ailleurs (3). Les imprimeries qui existent dans ce pays appartiennent au Gouvernement, et sont dirigées par lui. Il y a, au seraskérat, un bureau de traduction qui s'occupe sans relâche de traduire les ouvrages les meilleurs qui se publient à l'étranger, et principalement en France, sur

(1) Un décret du 5 février 1828 a réglé les droits d'auteur dans le royaume des Deux-Siciles. De plus, le Code de cet Etat contient une série de dispositions pénales contre le contrefacteur.

(2) Peu de temps après, le grand Conseil du canton suisse du Tessin avait aussi donné son adhésion au traité.

(3) Depuis dix ans, nos importations de livres en Turquie ont plus que doublé. En 1840, elles se sont élevées à 8,016 kilogrammes; en 1850, elles ont été de 16,812. Voyez le tableau officiel publié par l'administration des Douanes dont nous donnons plus loin un extrait.

l'art militaire et sur l'instruction primaire et secondaire.
Notre commerce de livres avec la Turquie est loin d'être
aussi insignifiant qu'on pourrait le croire. Nous y expor-
tons, chaque année, plus de livres que dans certains pays
qui ont la prétention de se croire infiniment plus avancés
en civilisation que la Porte. Ainsi, le chiffre de nos exportations en Turquie est supérieur à celui de nos exportations dans les Deux-Siciles, en Danemark, en Suède. Il
atteint presque le chiffre de nos importations dans le Zollverein (1).

En littérature, ce sont nos livres qui sont le plus sou-
vent traduits. On connaît Molière à Constantinople. Le
*Bourgeois gentilhomme* et le *Malade imaginaire*, traduits
par ordre exprès du sultan et représentés dans le palais de
Tchéragan, ont déridé plus d'une fois les graves figures de
Sa Hautesse et de ses ulémas (2).

La presse périodique a été aussi introduite en Turquie.
On n'a point oublié que c'est un Français qui avait fondé à
Constantinople le *Moniteur ottoman*, journal officiel en

---

(1) Il est bien entendu que nous n'entendons pas tirer de
ce rapprochement des conséquences absolues. Ces différences
s'expliquent en partie par des causes purement extérieures

Voici d'ailleurs, à dix ans de distance , le relevé des exportations de livres faites par la librairie française à l'étranger (ce
relevé ne comprend que les livres imprimés en langue française
et provenant du commerce spécial) :

|  | 1840. | 1850. |
|---|---|---|
| Belgique, | 127,198 kil. | 240,246 kil. |
| Etats Sardes, | 82,108 | 94,696 |
| Angleterre, | 102,986 | 86,197 |
| Russie, | 68,493 | 57,848 |
| Suisse, | 68,865 | 52,596 |
| Espagne, | 28,260 | 38,152 |
| Toscane, | 17,868 | 31,427 |
| Association allemande, | — | 17,274 |
| Portugal, | 21,474 | 20,428 |
| Turquie, | 8,016 | 16,812 |
| Deux-Siciles, | 15,842 | 14,444 |
| Villes anséatiques, | 8,713 | 14,406 |
| Pays-Bas, | 19,733 | 7,776 |
| Etats-Unis, | 39,345 | 60,801 |

(2) Constantinople compte sept bibliothèques, comprenant
environ 40,000 volumes. Après la littérature sacrée, la bran-
che la plus considérable est la jurisprudence.

langue française. Sur les treize journaux qui se publient dans la capitale de l'empire, quatre sont rédigés en langue française; les autres sont en langue turque ou bulgare, aucun n'est en anglais ni en allemand.

Nous avons parcouru les pays qui occupent le centre et le midi de l'Europe. Il nous reste maintenant à examiner l'état de la législation sur les droits d'auteurs dans ceux du nord.

### V. — La Suède. — Le Danemark. — La Russie.

Nous n'avons que quelques mots à dire du Danemark et de la Suède. Nos exportations de livres dans ces deux pays sont de si peu d'importance que les états détaillés publiés par l'administration des Douanes n'en font pas de mention spéciale. En Danemark, la contrefaçon est prohibée par une ordonnance royale du 7 janvier 1741, et nous ajouterons que le gouvernement danois, par une louable initiative, a pris une place honorable dans le droit européen sur la propriété littéraire, en proclamant un des premiers le principe de réciprocité. Une ordonnance royale, du 7 mai 1828, a rendu les garanties de la première ordonnance commune aux auteurs des pays étrangers dont la législation accorde la même protection aux sujets danois.

En Suède, où il existe aussi des lois contre la contrefaçon, un mouvement semblable s'est opéré, mais plus tard. En 1844, à l'imitation du Portugal, lors de la réforme de la Constitution suédoise, les ministres soumirent aux chambres, parmi de nouvelles modifications au pacte fondamental, une disposition qui accordait des garanties contre la contrefaçon aux auteurs étrangers, dont les pays offriraient les mêmes avantages aux auteurs suédois.

Arrêtons-nous à la Russie, qui ne nous intéresse pas moins par sa législation intérieure que par ses rapports commerciaux avec nous.

Tout ce que la librairie publie en France n'entre pas indistinctement en Russie. On sait de reste que ce genre de marchandise est soumis, à son entrée dans l'empire, à un contrôle sévère. Tous les livres expédiés par le commerce, ou apportés par le voyageur, sont directement soumis, à leur arrivée, au comité de censure. Il en est à peu près de même des journaux ou recueils périodiques;

ils ne sont transmis à la poste qu'après avoir passé par le bureau de la Douane. Mais, par une exception qui n'est d'ailleurs qu'un hommage rendu au droit des gens, aucun livre étranger, adressé à un membre du corps diplomatique, ou même à un consul, n'est assujéti au contrôle du comité de censure. Malgré ces restrictions, la Russie vient la quatrième sur nos tableaux de douanes dans l'importance de nos exportations de livres en Europe.

Depuis tantôt trente ans, et particulièrement depuis le règne de l'empereur Nicolas, un mouvement littéraire remarquable s'est produit en Russie. Tandis que les hautes classes, dominées par leurs goûts et leurs penchans pour les idées et les produits étrangers, oublient ou ignorent la langue nationale, et que les classes inférieures, au contraire, courbées sous le joug d'une ignorance grossière, s'attachent aux monumens du passé avec une sorte de fanatisme, la critique a signalé l'avénement d'une classe moyenne, d'une manière de tiers-état, destinée à servir d'intermédiaire entre le passé et l'avenir, à opérer la fusion des classes en faisant au génie national et à la civilisation du dehors une juste part, en les fécondant l'un par l'autre. Ces diverses tendances se sont reflétées dans la littérature du pays. Si, d'un côté, les idées françaises ou allemandes sont seules goûtées par les hautes classes, de l'autre, Poukhine, dans ses poésies sauvages, est le glorificateur intrépide de cet esprit populaire qui n'a de culte que pour les aïeux, d'amour que pour les souvenirs de la patrie; puis, entre ces deux tendances extrêmes, apparaît un ingénieux conteur, Nicolas Gogol, qui, dans des récits familiers ou dans des comédies empreintes d'une verve satirique, étend le cercle de l'action littéraire, et la fait passer des régions aristocratiques dans les régions moyennes du peuple russe. En effet, un mouvement parallèle s'est produit dans la société : tandis que les salons des hautes classes ne parlent que français, on voit poindre des réunions qu'on a déjà appelées *de seconde classe*, et où se lient des conversations qui sont un mélange singulier de la langue nationale et de la langue française.

Ce qu'il y a de certain, c'est qu'à l'heure qu'il est, la Russie est en marche vers une littérature, et que la loi qui garantit dans ce pays les droits des auteurs témoigne en plus d'un endroit d'une véritable délicatesse pour les lettres. Cependant, il ne faudrait pas s'y tromper : cette loi, par le développement et la prévoyance de ses dispositions, suppose une littérature plus étendue qu'elle n'existe en Russie, qu'elle n'existait surtout à l'époque où la loi fut rendue. On retrouve là cette facilité des Russes à imiter, avec plus ou moins d'à-propos, les créations des autres peuples. De même qu'on élevait sous les neiges de Saint-Pétersbourg des monumens créés sous l'influence du soleil de l'Italie, on prenait dans la législation des autres peuples de quoi faire une loi littéraire pour une littérature qui n'existait pas encore.

La Russie possède, depuis 1833, en un seul corps, en un digeste, l'ensemble de toutes ses lois. Les arrêtés ultérieurs qui viennent abroger ou modifier les lois existantes sont chaque année réunies en un supplément dont les matières, classées dans le même ordre, et pourvues de renvois correspondans aux lois et aux articles modifiés ou abrogés, conservent ainsi l'intégrité du système général des lois de l'empire. Les réglemens qui ont organisé les droits des auteurs ont leur place dans ce digeste (1). Le réglement des 8-20 janvier 1830 (c'est la loi à laquelle nous faisions allusion quelques lignes plus haut) reconnaît à tout auteur ou traducteur d'un livre le droit exclusif de l'éditer et de le vendre pendant toute sa vie. A son décès, ce droit passe à ses héritiers ou à ses ayans-cause pendant vingt-cinq ans. Mais ce droit se trouve prolongé de dix ans, outre les vingt-cinq ans, si l'auteur ou ses ayans-droit publient une nouvelle édition cinq ans avant l'expiration du droit exclusif. On sait quels efforts fait l'empereur Nicolas pour restituer au caractère du peuple russe cette force d'originalité et d'invention que l'éducation de Pierre-le-Grand et de ses successeurs a si fort affaiblie, en supposant, toutefois, qu'elle ait jamais existé. Cette préoccupation se rencontre déjà dans son réglement sur la propriété littéraire. Cette loi assimile aux auteurs

---

(1) On sait que le peuple russe est organisé par classes correspondantes à des grades de l'armée. Les auteurs ne pouvaient manquer d'avoir leur place dans cette classification. Celui dont l'œuvre a été consacrée par le suffrage des savans et des Académies, a droit au rang de conseiller de collége ou de conseiller d'Etat. Quant à l'auteur moins renommé, qui a pu faire reconnaître son livre comme classique pour l'enseignement scolaire, il est admissible à la décoration de Saint-Wladimir.

d'ouvrages nouveaux les premiers éditeurs de chants nationaux, de proverbes, de contes, de fables conservés uniquement par la tradition orale. Il en est de même des premiers éditeurs d'anciens manuscrits. Admirable prévoyance de la loi d'un despote qui rend un involontaire hommage au génie des nationalités en consacrant les symbo-
les, les naïves traditions, les vieux chants de la patrie!

Il est une autre disposition qu'on s'étonne de trouver
dans une loi russe, et qui indique une sollicitude véritablement remarquable pour les lettres chez ce peuple né d'hier
à la civilisation. Elle se réfère à une question encore aujourd'hui discutée chez nous, et sur laquelle ne sont d'accord ni les auteurs ni la jurisprudence. La loi russe couvre le manuscrit de l'auteur d'une sorte d'inviolabilité,
comme la loi française les livres de l'avocat et les outils de
l'artisan. Si l'auteur est poursuivi pour dettes, que ce
qu'il possède soit saisi et vendu, le manuscrit qu'il n'a pas
cédé à un tiers ne peut être mis en vente pour satisfaire
ses créanciers sans son consentement (1). Ce respect
pour la production intellectuelle, matérialisée dans le manuscrit, la loi russe le pousse si loin, qu'elle ne s'est pas
contentée de mettre ce manuscrit en dehors de la main-
mise des créanciers pendant la vie de l'auteur. Il ne peut
pas être vendu, même après sa mort, sans le consentement des héritiers.

Au reste, l'auteur et le traducteur sont partout mis sur
la même ligne. Il n'en peut être autrement chez les peuples
qui empruntent beaucoup aux autres et qui manquent
d'une littérature nationale.

La loi russe organise aussi une procédure particulière
pour le jugement des contestations qui s'élèvent entre les
auteurs, les éditeurs et les contrefacteurs. Ces contestations doivent être jugées par arbitres qui statuent en dernier ressort. Aussi la loi laisse-t-elle à la contrefaçon un
caractère purement civil. Elle ne prononce pas de pénalité contre les contrefacteurs. Outre les dommages-intérêts, le contrefacteur doit toujours être condamné : 1° au
paiement, au profit de l'éditeur légitime, de la différence

---

(1) Cette disposition a été reproduite depuis dans d'autres
lois, notamment dans la loi autrichienne ; celle relative aux
chants nationaux l'a été aussi par la loi portugaise ; mais
l'honneur de l'initiative n'appartient pas moins à la Russie.

entre le coût réel de la fabrication des exemplaires contrefaits et le prix auquel l'éditeur légitime a mis son ouvrage
en vente ; 2° à la confiscation des exemplaires non vendus,
lesquels sont adjugés à l'éditeur légitime (1).

Mais il est un genre de délit prévu par le législateur
russe, qui est sérieusement puni. C'est le fait de celui qui
publie frauduleusement, sous son nom, l'ouvrage d'autrui. Le coupable, indépendamment de l'indemnité civile,
est puni de la privation des droits civiques, de la fustiga-
tion et de la déportation en Sibérie. Quelque blâmable que
soit le fait, il faut convenir que la peine est un peu forte, et
que cette façon de réprimer le plagiat et l'imitation dé-
passe un peu la somme des moyens qu'il est donné à un
souverain d'employer pour contraindre ses sujets à avoir
de l'originalité.

En étudiant cette législation russe dans son esprit,
dans ses tendances diverses, nous nous rappelions in-
volontairement cette correspondance fameuse, où l'*Etoile
du Nord,* la grande Catherine, demandait à Voltaire des
idées et des inspirations ; ce temps où les encyclopédistes
Grimm, d'Alembert, Diderot, étaient les oracles de la Cour
de Saint-Pétersbourg ; et nous nous disions que l'empereur Nicolas, tout en subissant les influences inévitables
de la civilisation moderne, avait su méditer le mot de
Jean-Jacques : « Les Russes ne seront jamais policés
parce qu'ils l'ont été trop tôt. »

## VI. — *Les œuvres d'art.*

Il y a entre les droits de l'écrivain et les droits de l'artiste de telles affinités que, dans presque tous les pays,
on les voit réglés par la même loi, et que la durée qui leur
est attribuée est à peu près partout la même ; mais s'il est
vrai que, de l'œuvre d'art comme du manuscrit, dépend
nécessairement un droit de reproduction, de copie, il est
facile de constater que ce droit a beaucoup plus d'importance pour l'un que pour l'autre. En effet, la copie, pour
parler le langage de la loi anglaise, la multiplication, pour
s'exprimer comme les lois allemandes, est la partie essen-

---

(1) La confiscation est une peine. Aussi, quand nous disons que la loi russe ne prononce pas de pénalité contre le
contrefacteur, nous voulons parler d'une peine corporelle.

tielle de l'œuvre écrite, tandis qu'elle n'est que la partie accessoire de l'œuvre peinte, dessinée ou sculptée (1). En dehors de l'amateur d'autographes, quelle valeur vénale aurait dans les mains de tout autre le manuscrit qui ne pourrait être reproduit? L'œuvre d'art, au contraire, a, par elle-même, par cela seul qu'elle est tableau, dessin ou sculpture, une valeur intrinsèque en quelque sorte tout à fait indépendante de la reproduction.

Lorsque l'artiste vend son œuvre, il peut s'en réserver à lui seul la reproduction et retirer, néanmoins, de cette cession restreinte un bénéfice qui est tout à la fois gloire et profit. L'écrivain, au contraire, ne peut guère vendre son manuscrit que dans la seule vue de la multiplication. C'est sans doute en tenant compte de ces différences que certaines législations ont été amenées à ne point assimiler entièrement, quant à la durée, la propriété littéraire et la propriété artistique.

Il en est ainsi, peut-être par un oubli, dans notre législation actuelle. Nous disons *actuelle*, parce que la loi du 19 juillet 1793 avait assimilé les droits des artistes à ceux des écrivains, et leur avait assigné la même durée. Plus tard, le décret du 5 février 1810 vint étendre, comme nous l'avons fait connaître, les droits de la veuve et des enfans de l'écrivain, et distingua ainsi deux ordres d'héritiers. Ce décret ne contenait aucune disposition relative aux artistes, dont les droits sont encore aujourd'hui réglés par la loi de 1793. Les auteurs dont les produits rentrent dans la classe des beaux-arts jouissent donc aujourd'hui en France du droit exclusif de reproduction durant leur vie entière. Quant à la veuve, elle n'y a aucun droit, et les héritiers, quels qu'ils soient, n'en jouissent que pendant dix années, à partir du décès de l'auteur.

Nous ne dirons qu'un mot d s questions de spécification, c'est-à-dire de la question de savoir à qui appartient l'objet d'art fabriqué avec la matière appartenant à un autre. Aucune des lois spéciales des Etats étrangers, sur la

---

(1) Ce que nous disons là est vrai, d'une manière absolue, au point de vue de l'art ; mais il est bien entendu qu'au point de vue industriel, commercial, cette remarque n'a qu'une importance relative. Nous connaissons un des plus grands peintres de ce temps-ci qui a vendu 1,200 francs un de ses tableaux, dont la reproduction lui a donné plus de 20,000 fr. de bénéfices.

propriété littéraire ou artistique, ne s'est occupée de ces questions qui avaient divisé deux écoles célèbres dans le droit romain (1).

On sait que notre Code civil n'a point posé de règles absolues sur ces questions dont il subordonne les solutions aux principes de l'équité. On comprend aussi que les lois étrangères qui n'ont entendu, comme les lois prussienne et saxonne, s'occuper que de la contrefaçon, aient dû laisser ce point de vue de côté; mais celles qui, comme en Autriche et en Portugal, ont eu la prétention de faire une loi complète sur la propriété littéraire et artistique, pourraient peut-être justifier plus difficilement leur silence à cet égard.

De ce que le droit de reproduction des œuvres d'art est un droit qui peut parfaitement s'isoler de l'œuvre principale, que l'auteur peut se réserver indépendamment de la possession du sujet original, naissent des questions complexes. Deux intérêts, en effet, se trouvent en présence. D'un côté, le droit de reproduction qui appartient à l'artiste créateur; de l'autre, le droit du possesseur de l'œuvre revendiquant toutes les conséquences d'une propriété légitimement acquise. C'est certainement là une des parties les plus intéressantes de la matière ; c'est, après la question de contrefaçon, celle que la loi doit réglementer avec le plus de soin, et sur laquelle nous appellerons l'attention, d'autant que la question de durée du droit de reproduction s'y trouve tellement liée, qu'il est presque impossible de l'en détacher pour la faire connaître isolément.

Le point commun sur lequel s'accordent toutes les législations étrangères, c'est que tant que l'ouvrage d'art reste la propriété de l'auteur ou de ses héritiers, la reproduction ne peut avoir lieu sans leur consentement. Mais où elles se séparent, c'est à partir de l'usage qu'ont fait l'auteur ou ses ayans-cause du droit de reproduction. C'est, en effet, à ce moment seul que se trouvent en présence les intérêts de l'artiste et ceux du public.

Deux hypothèses principales se présentent. Premièrement, l'artiste resté en possession de son œuvre veut user de son

(1) Les Sabiniens et les Proculéiens. Les premiers décidaient que le propriétaire de la matière devenait propriétaire du tableau. Les Proculéiens voyaient au contraire dans le travail du peintre une forme qui devait l'emporter sur la matière.

droit de reproduction, la multiplier. D'après toutes les législations, il en a le privilége exclusif. Mais combien de temps durera ce monopole? La plupart des législations étrangères lui assignent les mêmes limites qu'à la propriété littéraire. Ainsi, cette durée, dans la Confédération germanique, d'après l'arrêté de la Diète du 19 juin 1845, est viagère pour l'auteur et de trente ans pour ses héritiers. Il en est de même en Portugal. En Espagne, elle est, pour les héritiers, de cinquante ans ; en Belgique et en Hollande, de vingt ans ; en Russie, de vingt-cinq ans (1) ; en Sardaigne, la durée du droit n'est que d'un délai fixe de quinze ans. L'Angleterre s'est beaucoup plus occupée de la propriété littéraire que de la propriété artistique, laquelle paraît être encore aujourd'hui régie chez elle par un acte de la septième année de Georges III (1767), qui fixe à vingt-huit ans le droit exclusif de copie. Aux Etats-Unis, au contraire, l'analogie entre les œuvres littéraires et artistiques, quant au droit de copie, est complète. Ce droit, d'après la loi du 3 février 1831, est de vingt-huit ans. Si, à l'expiration de ces vingt-huit ans, l'auteur est encore vivant, ou qu'il ait laissé des enfans ou une veuve, une nouvelle période de quatorze ans leur est garantie.

Les lois prussienne et autrichienne ne s'accordent pas sur ce point. D'après la loi prussienne, l'auteur ou ses héritiers, quand ils veulent reproduire leur œuvre, doivent, dans une forme voulue, déclarer qu'ils entendent se réserver à eux seuls la multiplication, et alors la loi les couvre de sa garantie pendant dix ans.

D'après la loi autrichienne, l'auteur d'une œuvre d'art doit, en la publiant la première fois, se réserver exclusivement le droit de la reproduire, et faire usage de ce droit réservé dans l'espace de deux années, à défaut de quoi toute imitation de l'œuvre est permise sans restriction.

Voilà pour le cas où l'artiste est resté possesseur de son œuvre. Mais que décider s'il l'a vendue à un tiers? L'ar-

---

(1) Loi du 25 mars 1846. Ce terme est prolongé de dix ans dans le cas où les reproductions sont publiées cinq ans avant l'expiration du terme. C'est un stimulant donné à l'industrie artistique. Le réglement russe du 8-20 janvier 1830, que nous avons fait connaître en parlant de la propriété littéraire, ne contenait rien sur la propriété artistique. Ce n'est que le 25 mars 1846 que le czar a décrété une loi sur cette matière.

tiste a-t-il, par le seul fait de la vente, aliéné au profit de l'acquéreur le droit de reproduction?

C'est là une question sur laquelle la loi française de 1793 ne contenait rien de positif, mais qui, après diverses fluctuations, paraît résolue d'une manière définitive par la jurisprudence de la Cour de cassation, dans le sens que l'artiste qui a vendu son œuvre, tableau ou statue, sans faire de réserves, s'est, par là même, dessaisi du droit de reproduction. C'est, comme on voit, une application pure et simple des principes de la vente ordinaire.

Mais cette opinion a rencontré des résistances sérieuses dans la Cour de cassation elle-même.

La question s'est élevée dans la circonstance la plus intéressante à propos du tableau d'un peintre célèbre. Tout le monde peut voir, au Musée de Versailles, dans les salles dites de l'Empire, entre la *Révolte du Caire*, de Girodet, et le *Bonaparte en Egypte*, de Pierre Guérin, le tableau dans lequel Gros a représenté le grand capitaine montrant les Pyramides à ses soldats, et prononçant cette allocution d'un laconisme sublime, dont les termes sont trop connus pour que nous ayons besoin de les rappeler. C'est la dernière œuvre de Gros, œuvre laissée inachevée par lui, et qui porte, dans ses teintes amorties, comme un dernier reflet de cette sombre mélancolie qui termina sa vie (1).

M. Gavard, qui avait obtenu du gouvernement l'autorisation de graver tous les tableaux du musée de Versailles, reproduisit le tableau de la bataille des Pyramides. Ce fut dans ces circonstances que la baronne Gros, et un ces-

---

(1) Ce tableau avait été commandé et payé à Gros par Bonaparte lui-même, et il était destiné à orner la salle des séances du Sénat. En 1814, lors de la première invasion, le tableau fut enlevé du Sénat et caché jusqu'en 1830 par les mains pieuses du général Bertrand. Quelques années après, le général en fit la remise à la Liste civile, qui en avait revendiqué la propriété en vertu de la loi du 8 novembre 1814, laquelle avait attribué à la Liste civile les biens composant l'ancienne dotation du Sénat. Lorsque Gros apprit que ce tableau était destiné aux galeries de Versailles, il manifesta le désir de le compléter en l'agrandissant au moyen de deux *ajoutures*. L'œuvre, ainsi transformée, était fort avancée lorsqu'il mourut en 1835. Un de ses élèves fut chargé de l'achever en lui laissant, autant que possible, le cachet du maître.

sionnaire des droits de son mari, qui avait acquis de celui-ci le droit de graver l'œuvre, portèrent contre lui une plainte en contrefaçon.

La défense de M. Gavard était simple : il se bornait à dire que la vente du tableau avait été faite à la Liste civile sans aucune réserve de l'artiste ; que, conséquemment, le droit exclusif de reproduction ne lui appartenant plus, il n'avait pu le céder à un autre.

Le Tribunal correctionnel et la Cour d'appel de Paris donnèrent gain de cause à M. Gavard. L'arrêt, déféré à la Cour suprême, fut cassé, et les parties renvoyées devant la Cour royale d'Orléans. Cette Cour ayant jugé comme celle de Paris, l'affaire dut revenir cette fois devant les chambres réunies de la Cour de cassation. Après un débat solennel, dans lequel M. le procureur-général Dupin prit parti pour les premiers juges, la Cour suprême, par son arrêt du 27 mai 1842 (1), consacra le système d'après lequel l'artiste qui aliène son tableau sans faire de réserve s'est dessaisi du droit de reproduction comme de tous les autres avantages attachés à son œuvre.

Il s'en faut que les lois étrangères aient toutes répondu à cette question, et celles qui s'en sont occupées ne l'ont pas résolue de la même manière. Les lois saxonne, espagnole, sarde, celles des Pays-Bas et des Etats-Unis sont muettes. D'après la loi prussienne, si la vente est faite purement et simplement, l'auteur ou ses héritiers sont déchus de leur droit exclusif, lequel ne passe pas à l'acquéreur et tombe dans le domaine public. Mais l'artiste ou ses héritiers ont pu se réserver le droit exclusif de reproduction ou le céder à l'acquéreur, et, dans ce cas, il est, comme nous l'avons dit, de dix ans.

D'après la loi autrichienne, au contraire, si, en aliénant son œuvre, l'auteur n'a point fait de stipulation, le droit de reproduction passe à l'acquéreur. Cette décision est aussi celle de la loi portugaise.

La loi russe du 25 mars 1846 contient, à ce sujet, des dispositions particulières. Elle déclare d'abord que l'artiste perd son droit exclusif de reproduction sur les œuvres qui lui ont été achetées par le Gouvernement, sans qu'il puisse faire de réserve à cet égard. Il en est de mê-

---

(1) Voyez les phases de cette affaire dans le *Journal du Palais*, année 1843, tome I, p. 215.

me pour les ouvrages exécutés d'après la commande des particuliers, à moins toutefois qu'il ne se soit réservé le droit de reproduction. Ce droit ne tombe pas, d'ailleurs, dans le domaine public : il passe à ceux qui ont fait la commande et à leurs héritiers (1).

Voyons maintenant la contrefaçon.

En principe, toute violation du droit de reproduction, susceptible de causer un préjudice à l'auteur, est une contrefaçon. Telle est la doctrine générale établie par la jurisprudence française, qui ne considère pas le mode de reproduction employé et qui ne s'occupe que de la possibilité du préjudice. Les lois étrangères, et, parmi elles, on ne peut guère citer que les lois allemandes, qui traitent cette partie avec quelque développement, au point de vue artistique, admettent généralement la doctrine française, mais y apportent des exceptions qu'on ne saurait adopter chez nous, déterminées qu'elles sont par des raisons d'utilité générale, personnelles aux Etats qui les ont accueillies. Telles sont les dispositions des lois prussienne et autrichienne, qui ne regardent pas comme contrefaçon le modèle pris sur l'œuvre d'art pour des produits de manufacture ou de fabrique. Ce sont là de ces facilités, sortes de primes d'encouragemens données à un commerce dont on veut favoriser l'essor, mais qui, en définitive, profite du bien d'autrui. Il y a longtemps, grâce à Dieu, que l'industrie française n'en est plus à demander à la loi de consacrer de pareilles spoliations, déguisées sous le nom de l'intérêt public.

Mais voici une question plus délicate et qui peut, dans un cas donné, s'élever à la hauteur d'une véritable

---

(1) On a vu, en parlant de la propriété littéraire, que la loi russe mettait le manuscrit de l'auteur hors de la saisie des créanciers. On retrouve la même pensée dans la loi artistique. Les tableaux, les statues peuvent être vendues aux enchères pour payer les dettes de l'artiste, *mais le droit de reproduction n'est pas transmis à l'acquéreur*. Il reste à l'artiste. Nous disons que c'est la même pensée, car si la loi russe ne permet pas de saisir le manuscrit lui-même comme la statue, en laissant à l'artiste le droit de reproduction. c'est que le manuscrit vendu dans cette condition n'aurait point de valeur. C'est le droit de reproduction seul qui lui donne un prix vénal : en d'autres termes, la loi russe laisse le manuscrit à l'auteur parce que le droit de reproduction en est inséparable.

question d'art. La reproduction par le même procédé est-elle une condition essentielle de l'existence de la contrefaçon ? Ainsi, peut-on reproduire une peinture, un dessin, au moyen de l'art plastique (1), ou à l'inverse, reproduire par le dessin une statue, un bas-relief ? Nous croyons que c'est là une pure question de fait qui ne saurait faire raisonnablement l'objet d'une disposition législative ; cela est tellement vrai que la doctrine et la jurisprudence elles-mêmes ne se prononcent pas sur ce point d'une manière absolue et en subordonnent l'appréciation à la question de préjudice. Dans leur ardeur à tout régler, les lois allemandes ont tranché la difficulté. La loi prussienne autorise d'une manière absolue la reproduction d'une peinture ou d'un dessin faits au moyen de l'art plastique ou *vice versâ* (2).

La loi autrichienne est beaucoup moins absolue ; elle se préoccupe davantage de l'intérêt de l'artiste créateur ; elle ne permet de reproduire par l'art plastique que l'œuvre de la peinture ou du dessin déjà reproduite et publiée. L'œuvre de l'art plastique, à son tour, ne peut être reproduite par l'art de la peinture ou du dessin que lorsque la destination *n'est pas purement artistique*, mais doit servir à un usage matériel, comme à orner un produit de l'industrie. En ceci, la loi autrichienne a, comme on voit, une tendance plus spiritualiste que la loi prussienne ; elle se préoccupe surtout de la question d'art.

Quant à la loi saxonne, le caractère qui la distingue, au point de vue littéraire, a une importance encore plus grande au point de vue artistique. Nous avons vu que cette loi, qui a mis un soin extrême à ne traiter que la question de

---

(1) Généralement, par art plastique, on entend la sculpture. Plus spécialement, la plastique est l'art de mouler, de tirer des figures en relief d'un moule en creux, ou, à l'inverse, de lever un creux ou moule sur l'objet travaillé de relief pour le reproduire par le moulage. Il est évident que dans la question qui nous occupe c'est à la définition générale qu'il faut se reporter. L'autre ne peut se référer qu'aux questions de contrefaçon par le même procédé.

(2). Cette reproduction devient alors une œuvre quasi-originale, dont elle interdit la nouvelle reproduction par des moyens mécaniques au détriment de l'imitateur, tant que les planches, moules et modèles employés à l'exécution sont encore en état de servir.

contrefaçon, donnait à ce terme une signification plus restreinte qu'aucune autre législation. A ses yeux, il faut,
pour constituer la contrefaçon, que le procédé de reproduction soit mécanique, et que l'œuvre imitée ait, dans
l'intention de l'auteur, une destination pécuniaire.

Mais cette définition de la contrefaçon appliquée aux
œuvres d'art était certainement insuffisante et en dehors
de la nature même des choses. On comprend, en effet,
que la contrefaçon, en matière littéraire, ne puisse avoir
lieu que par une reproduction obtenue à l'aide de moyens
mécaniques. En matière d'art, il en est autrement; de
simples copies d'un tableau, d'une statue, exécutées à la
main, pourraient causer un véritable préjudice à l'auteur,
et, si ce fait était licite, il pourrait tenter plus d'un artiste
spéculateur qui ne manquerait pas d'en profiter. La loi
saxonne devait donc, à ce point de vue, se relâ-
cher de la définition restreinte qu'elle avait donnée
au délit de contrefaçon. C'est ce qu'elle a fait, mais d'une
manière un peu équivoque, et sur laquelle a évidemment
influé son point de départ. Elle dispose qu'en matière de
propriété artistique, le délit peut exister encore que la
reproduction n'ait pas été opérée par des moyens purement mécaniques et ait exigé l'emploi d'une certaine habileté artistique. On voit que le préjudice dont est menacé
l'artiste n'est qu'à moitié prévu. C'est là tout ce que dit la
loi saxonne sur la propriété artistique.

Cette définition étroite, restreinte, que la loi saxonne a
donnée à la contrefaçon, et dont elle ne s'est départie
qu'avec peine en parlant des œuvres d'art, a sans doute
ses avantages. En resserrant le champ de l'interprétation,
elle est d'une application plus facile pour le juge; mais
sera-t-elle, dans ces limites, une sauvegarde suffisante
pour les droits de l'écrivain ou de l'artiste? Cela est au
moins contestable.

Cette observation nous servira de transition pour arriver à l'examen d'une question très intéressante qu'aucune
législation n'a prévue et qui, à notre connaissance, ne
s'est encore présentée qu'une fois devant nos Tribunaux.

Il peut arriver que l'écrivain et surtout l'artiste, sans
éprouver un préjudice pécuniaire, aient à demander à la
justice la réparation d'un fait qui porte à leur honneur, à
leur réputation, une atteinte plus ou moins grave.

Expliquons-nous :

Lorsque l'auteur a vendu son œuvre, et avec elle le

droit de reproduction qui en dépend, l'acquéreur est substitué à l'artiste; mais cela veut-il dire que ce dernier ne
pourra plus intenter l'action en contrefaçon? Question
oiseuse, répondra-t-on peut-être, car l'artiste n'a plus
d'intérêt, pécuniairement parlant, et s'il a un intérêt
d'honneur, le droit commun est là pour le protéger (1).

C'est ce qu'il importe d'examiner, et, pour éclairer le
débat, nous ne pouvons mieux faire que de rappeler le
fait récent qui a porté la question devant nos Tribunaux.

Tous ceux qui s'occupent d'art ont admiré au salon de
1847 une statue qui a placé son auteur au premier rang
des sculpteurs français. C'était une femme nue, étendue à
terre, la tête renversée, et se tordant dans des mouve-
mens étranges. Quelle pensée l'artiste avait-il cachée dans
cette œuvre étonnante, où la réalité le disputait à l'art?
Etait-ce la douleur? Etait-ce la volupté? Nul ne le savait,
et cependant l'auteur semblait avoir pris soin de lever lui-
même tous les doutes : il avait enroulé, autour d'un de ces
beaux pieds nus, un mince aspic qui le mordait au talon.
En ouvrant le Livret, on lisait : « *Femme piquée par un
serpent.* »

Les uns crurent à l'explication ; d'autres ne virent dans
ce marbre palpitant que le portrait d'une créature aimée,
dans lequel l'artiste, par un suprême effort, avait su atteindre cette limite extrême où la souffrance et la pas-
sion, prenant une même forme, se confondent dans leur
manifestation extérieure. Quoi qu'il en soit, l'œuvre était
magnifique, le succès éclatant. Des industriels songèrent
à l'exploiter en la dénaturant ; d'une œuvre d'art, on fit
une œuvre obscène : le serpent disparut, et on y substitua
un enfant dont la position non équivoque fit de ce groupe
un sujet de licence et d'immoralité. L'auteur, M. Clésin-
ger, s'émut. Il avait vendu sa statue avec le droit de reproduction ; cette raison ne l'arrêta pas : il fit saisir chez
les éditeurs et chez les marchands de statuettes l'imitation
contrefaite qu'on avait signée de son nom, et traduisit en

---

(1) Cette solution résulte certainement des termes restric-
tifs de la loi saxonne ; mais elle est au moins douteuse dans le
sens des lois autrichienne, prussienne, espagnole et portugaise, qui semblent vouloir protéger d'une manière plus générale
la propriété intellectuelle. Cette question ne s'est pas encore
présentée, que nous sachions, devant les Tribunaux étrangers.

police correctionnelle les éditeurs et les marchands, les uns comme contrefacteurs, les autres comme débitans (1).

Son intérêt au procès était incontestable ; son honneur, sa réputation y étaient engagés. Mais pouvait-il , lui, qui s'était dépouillé, avec l'original, du droit de reproduction, intenter une plainte en contrefaçon? Le Tribunal correctionnel de Paris jugea l'affirmative, par la raison que le droit de copie n'étant pas tombé dans le domaine public, l'artiste, auteur de la statue, avait action contre les contrefacteurs, s'il justifiait d'un intérêt légitime à poursuivre le délit. Sur l'appel, le jugement fut réformé. La Cour de Paris décida que d'après la lettre et l'esprit de la loi du 19 juillet 1793, le droit d'introduire une action en contrefaçon n'appartenait à l'auteur qu'autant qu'il ne s'était pas dessaisi de la totalité du droit de propriété sur son œuvre, que les articles 425 et 429 du Code n'avaient rien innové à cet égard. En conséquence, les défendeurs furent déchargés des condamnations prononcées contre eux, en tant que contrefacteurs vis-à-vis de l'auteur (2). Mais en même temps, l'arrêt déclarait que l'artiste pouvait, en vertu de la loi ordinaire, demander réparation du préjudice qui avait été causé à sa réputation.

En décidant ainsi, la Cour de Paris était sans doute dans la tradition des lois et de la jurisprudence françaises sur la contrefaçon; mais nous disons qu'il y a là une lacune, aussi bien dans la loi française que dans les législations étrangères.

Est-il possible d'admettre, en effet, que le droit commun soit une sauvegarde suffisante pour l'artiste? Nous ne le croyons pas. Que pourra faire le droit commun? Donner des dommages-intérêts ; mais c'est là la réparation d'un préjudice pécuniaire, et ce que l'artiste demande, c'est la réparation d'une atteinte portée à sa réputation. Or, cette réparation, il ne peut la trouver que dans la sai-

(1) Voyez la *Gazette des Tribunaux* des 10 janvier et 11 avril 1850.

(2) Nous disons vis-à-vis de l'auteur, parce que l'acquéreur intervint plus tard dans l'instance et reprit en son nom l'action en contrefaçon. La condamnation subsista donc à son profit. Mais ce n'est là qu'un incident qui ne change rien à la question au point de vue du créateur de l'œuvre.

4

sie préventive, dans la confiscation, dans la destruction des imitations contrefaites et des moyens qui ont servi à les produire, toutes sanctions qui sont en dehors de la puissance du juge chargé d'appliquer le droit commun, et qui ne sont attachées qu'à l'action en contrefaçon.

Voilà pourquoi cette décision ne peut être abandonnée à l'interprétation variable des Tribunaux, l'affaire que nous venons de rapporter le prouve surabondamment; voilà pourquoi, si une loi était à faire, nous demanderions une disposition spéciale qui laissât à l'artiste l'action en contrefaçon, bien que le droit de reproduction ne lui appartînt plus.

Pour terminer cette matière, nous dirons un mot de certaines compositions qui ont un caractère mixte, comme les dessins et cartes de géographie, de topographie, d'histoire naturelle et d'architecture. Les lois étrangères ne s'accordent pas sur la manière de les classer. Les unes, comme la loi prussienne et la loi portugaise, les rangent parmi les objets d'art; les autres, comme la loi autrichienne, semblent plutôt les rattacher à la propriété littéraire, mais toutes en prohibent la reproduction. En France, au contraire, la doctrine et la jurisprudence tendent à ne pas reconnaître aux dessins des édifices faits par les architectes un droit exclusif de reproduction que semblent repousser la nature particulière des productions de cet art, leur destination immobilière et l'impossibilité d'un préjudice sérieux (1).

---

(1) Voici, à dix ans de distance, comme nous l'avons fait pour les livres, le relevé des exportations de gravures et de lithographies faites par le commerce français à l'étranger (commerce spécial) :

| | 1840. | 1850. |
|---|---|---|
| Belgique, | 10,976 kil. | 23,193 kil. |
| Etats-Sardes, | 6,410 | 9,638 |
| Angleterre, | 5,827 | 18,411 |
| Russie, | 5,523 | 3,937 |
| Suisse, | 2,475 | 2,338 |
| Espagne, | 19,995 | 9,405 |
| Toscane, | 3,767 | 1,987 |
| Association allemande, | — | 5,839 |
| Portugal, | 270 | — |
| Turquie, | 1,340 | — |
| Deux-Siciles, | 821 | 3,218 |
| Villes anséatiques, | 2,162 | — |
| Etats-Unis, | 3,568 | 18,316 |

VII. — *Les œuvres dramatiques.*

Nous abordons maintenant les œuvres dramatiques.

Les ouvrages littéraires destinés au théâtre ont ce caractère particulier, que, outre le droit de publication, ils jouissent d'une autre espèce de droit, qui est la représentation. C'est ce double caractère qui les fait participer à la fois des œuvres littéraires et artistiques.

En France, la durée du droit de représentation pour la pièce de théâtre est la même que le droit de publication, c'est-à-dire que ceux à qui la loi donne le droit exclusif de publication ont, dans la même mesure de temps, le droit exclusif d'autoriser la représentation, et cela, que la pièce soit imprimée ou manuscrite ; mais il s'en faut que toutes les législations étrangères aient ainsi compris le droit de représentation des pièces de théâtre.

En Angleterre on a longtemps douté si la protection du droit de copie comprenait le droit exclusif de représentation. L'opinion la plus accréditée, et qui avait passé en pratique, était que les statuts qui réglaient la propriété littéraire ne pouvaient empêcher la représentation non consentie par l'auteur, parce que ces statuts ne protégeaient que la publication, et que « réciter une chose de mémoire ne pouvait être regardé comme une publication. » Cette doctrine a été longtemps en vigueur en Angleterre ; on en trouve la preuve dans ce passage d'une lettre écrite, le 30 janvier 1810, par Walter-Scott, à miss Joanna Baillie, qui avait composé un drame intitulé *la Légende de Famille* (1). « On meurt d'envie de lire *la Lé-* « *gende,* disait l'auteur de Wawerley ; si vous consentez à « ce qu'on en imprime une petite édition pour satisfaire à « la curiosité du public, je me charge d'en revoir les « épreuves. Mais je ne vous conseille pas d'y consentir, et « pour cause. Tant que *la Légende n'est pas imprimée,* au- « cun théâtre ne peut la jouer sans votre permission. »

Mais depuis, la législation anglaise est revenue sur cette décision. Un acte de Guillaume IV, du 10 juin 1833, fit droit aux réclamations des auteurs dramatiques, tout en conservant néanmoins la distinction entre l'œuvre imprimée et celle qui est restée manuscrite. Dans ce dernier

(1) Voir la *Revue britannique* d'octobre 1837.

cas, l'auteur seul ou ses ayans-cause ont le droit d'en permettre la représentation. Si la pièce a été publiée, l'auteur on ses ayans-droit conservent ce droit exclusif pendant vingt-huit ans à compter du jour de la première publication de l'œuvre, et si l'auteur est encore vivant à l'expiration de cette période de vingt-huit ans, le droit lui est continué pour le reste de sa vie.

En Allemagne, au contraire, la théorie qui attache le droit exclusif de représentation à l'œuvre manuscrite seule est restée intacte. Les idées de nos voisins d'outre-Rhin paraissent arrêtées sur ce point que la publication faite par l'auteur a épuisé son droit, et que tout le monde a, dès-lors, le droit de représenter la pièce comme de la lire, la représentation n'étant, après tout, qu'une lecture à haute voix.

Lorsqu'en 1837 la diète germanique rendit un arrêté pour la garantie de la propriété littéraire et artistique, elle ajourna la question des œuvres dramatiques; ce ne fut qu'en 1841 qu'elle la résolut. A cette époque, elle décida que la représentation ne pourrait avoir lieu dans toute l'étendue de la Confédération sans la permission de l'auteur ou de ses ayans-cause, et cela pendant un délai de dix ans, à partir de la première représentation autorisée par l'auteur. Mais ce droit exclusif ne leur était réservé qu'autant que l'ouvrage ne serait pas rendu public par la voie de l'impression. L'auteur perdait encore ce droit s'il faisait représenter sa pièce sous un pseudonyme. Les lois prussienne et autrichienne, qui ont réservé le droit exclusif de représentation à l'auteur pendant sa vie, et à ses ayans-cause pendant dix ans après son décès, reproduisent exactement les deux exceptions écrites dans la loi fédérale. Quant à la loi saxonne, elle ne dit pas un mot du droit de représentation. Cette loi ne s'occupe que du préjudice pécuniaire causé à l'auteur. Or, à ses yeux du moins, la représentation de l'œuvre ne peut lui causer de préjudice. C'est une conséquence encore plus forcée des idées du législateur allemand sur les droits des auteurs dramatiques, conséquence qui ne provient que d'une équivoque, et que le bon sens suffit véritablement à réfuter.

Ces distinctions ne se retrouvent plus dans les lois espagnole et portugaise. La première donne le droit exclusif de représentation à l'auteur pendant sa vie, et à ses ayans-droit, après son décès, pendant vingt-cinq ans. La loi portugaise contient un système à part sur le droit de représentation des œuvres dramatiques. En principe, elle ne donne ce droit exclusif qu'aux auteurs pendant leur vie. Mais si la pièce n'a pas été représentée du vivant de l'auteur, la loi portugaise la qualifie alors de *posthume* et accorde aux propriétaires de l'œuvre le droit exclusif d'en autoriser la représentation prendant trente ans.

Ajoutons que tout ce qui précède sur le droit exclusif de représentation des œuvres dramatiques et sur sa durée est respectivement appliqué, par chaque législation, aux compositions musicales.

Nous avons terminé l'examen des législations intérieures des Etats étrangers. Il nous reste à voir les garanties internationales que les traités ont cherché à introduire en faveur des écrivains et des artistes.

## VIII. — *Les Traités.*

En faisant connaître les lois qui régissent en Allemagne la propriété intellectuelle, nous avons montré que les lois autrichienne et saxonne, à l'exemple de la loi prussienne, avaient cherché à introduire dans le droit des gens la garantie internationale de cette propriété au moyen de la clause de réciprocité. Dès 1838, l'Angleterre avait suivi l'exemple de la Prusse. Le 31 juillet de cette année, la reine Victoria sanctionnait un bill dont les principales dispositions se résumaient dans l'offre faite par la nation anglaise aux auteurs d'ouvrages déjà publiés à l'étranger de protéger leurs droits de propriété littéraire, pourvu que les Etats étrangers accordassent réciprocité dans la même mesure aux auteurs anglais.

Ces tentatives n'ont amené, et ne devaient amener aucun résultat. La réciprocité peut produire beaucoup de bien quand on parvient à s'entendre; mais aussi elle est susceptible de produire autant de mal quand on ne peut se mettre d'accord. Elle devient, dans certaines circonstances, une arme à deux tranchans entre les mains de celui qui veut s'en servir. En tout cas, c'est, au point de vue de la législation internationale privée, un principe beaucoup plus fécond en apparence qu'en réalité. Rien n'est plus facile que de l'écrire dans la loi, mais les difficultés deviennent le plus souvent insurmontables quand, sans avoir été organisée dans ses moyens d'application, cette théorie vient se heurter aux mille susceptibilités de la souveraineté nationale, à l'organisation judiciaire et à la procédure de chaque peuple. La réciprocité est, de sa nature, quelque chose d'essentiellement relatif. Vouloir l'élever à la hauteur d'un principe et l'insérer comme tel dans la loi, c'est lui donner un caractère absolu qu'elle ne comporte pas. A supposer qu'elle pût réussir dans ces conditions, nous la comparerions volontiers à cette règle élémentaire de mathématiques qui veut, pour que deux lignes soient parallèles, qu'elles ne cessent de suivre le même plan, à égale distance. De même, pour que la réciprocité, proclamée d'une manière en quelque sorte abstraite, fût praticable entre deux Etats, il faudrait admettre que les deux législations ne cesseront de suivre le même plan sur tous les points. Or, jusqu'ici, pareil accord, que nous sachions, ne s'est pas encore présenté entre les législations comparées des divers pays, et si la réciprocité légale entre les Etats a toujours été difficile à établir, elle devait l'être surtout dans une matière aussi délicate, aussi pleine de nuances que la propriété littéraire. Un seul exemple pris entre mille nous suffira pour rendre claire notre démonstration.

La loi de 1793 avait gardé le silence sur le droit des auteurs *étrangers*, relativement aux ouvrages qu'ils avaient publiés, soit en France, soit ailleurs. Cette omission a été réparée par le décret du 5 février 1810, qui, en accordant aux auteurs, soit nationaux, soit *étrangers*, la faculté de céder leur droit à un imprimeur ou à toute autre personne, reconnaît par cela même aux *étrangers* le droit qu'ils sont autorisés à céder.

Sera-t-il possible de baser la réciprocité sur cette disposition? Pas le moins du monde; et la raison, c'est qu'en France même la doctrine et la jurisprudence discutent encore aujourd'hui sur la portée à donner au droit établi par le décret de 1810. Les uns veulent le borner aux ouvrages que l'étranger publie en France pour la première fois, les autres l'étendent même aux ouvrages qui, après avoir été publiés en pays étranger, sont ensuite publiés de nouveau en France.

Où trouver, à ce point de vue seulement, une base fixe sur laquelle puisse s'établir sûrement la réciprocité? Et, qu'on le remarque bien, il ne s'agit pas ici d'une dispute de pure théorie. Ces questions se sont élevées en Allemagne même à l'occasion de plusieurs ouvrages d'auteurs français (1). Un libraire allemand avait annoncé dans les journaux que, d'accord avec les auteurs français, il publierait en Allemagne non seulement une édition française, mais encore une traduction allemande faite par l'auteur français lui-même avec la collaboration d'un Allemand. Le libraire ajoutait qu'il remplirait les formalités prescrites dans son pays pour s'assurer le débit exclusif de la version allemande qualifiée par lui d'édition originale allemande, et qu'il poursuivrait comme contrefacteurs tous les éditeurs, soit du texte français, soit des traductions allemandes de l'ouvrage. Ces précautions n'empêchèrent pas les réimpressions et les traductions de paraître. Les lois prussienne et saxonne existaient déjà avec leur clause de réciprocité. L'éditeur légitime allemand connaissait le décret français de 1810. En le rapprochant des lois de son pays, il avait cru son droit incontestablement établi par la clause de réciprocité. Il consulta plusieurs jurisconsultes français et allemands dont les conclusions furent toutes différentes, et en présence de ce conflit d'opinions qui ne pouvait manquer de se reproduire dans la jurisprudence, le libraire dut s'arrêter et laisser le champ libre aux contrefacteurs.

Telle est l'histoire ordinaire de la réciprocité dans le droit international privé.

Il n'y a donc qu'un moyen pour les nations de garantir avec quelque efficacité la propriété de leurs auteurs, les unes vis-à-vis des autres, c'est de conclure entre elles des conventions diplomatiques; aussi les gouvernemens se sont-ils jetés résolument dans cette voie. La Prusse, aussitôt après avoir décrété sa loi de 1837, conclut de nombreuses conventions avec différens gouvernemens, notamment avec l'Angleterre, le 13 mai 1846. L'année suivante, le grand-duché de Saxe-Weimar y accéda. Déjà, en 1840, l'Autriche avait conclu avec la Sardaigne un traité semblable auquel s'étaient ralliés la plupart des gouvernemens de l'Italie et l'un des Cantons suisses, celui du Tessin; mais, quel que soit le désir bienveillant qui anime les gouvernemens, des difficultés, d'autant plus sérieuses

---

(1) Voyez une discussion de M. Fœlix sur ce sujet, dans la *Revue de droit français et étranger*, année 1844, pages 756 et suivantes.

qu'elles surgissent de la nature même des choses, tiennent les arrangemens en échec et les empêchent d'aboutir. Tous les pays n'ont pas le même intérêt à prohiber la contrefaçon étrangère, et, pour donner satisfaction sur ce point, ils demandent des concessions en échange. De toutes les nations de l'Europe, la France est celle qui a l'intérêt le plus évident à la destruction de cette piraterie, car c'est elle surtout dont on contrefait les produits littéraires et artistiques. Cette seule raison suffirait à expliquer les résistances qu'elle a eu, qu'elle a encore à vaincre. Depuis tantôt dix ans qu'elle négocie avec une persévérance que rien ne lasse, elle n'était encore arrivée qu'à de minces résultats. Pendant tout le règne de la monarchie de juillet, et jusqu'à ces derniers temps, elle n'avait encore pu échanger de conventions littéraires qu'avec des puissances de second ou de troisième ordre. Aucune n'avait encore été conclue avec les grands Etats de l'Europe. Un traité vient enfin d'être signé à Paris (1), le 3 novembre 1851, entre les plénipotentiaires de la France et de la Grande-Bretagne (2). Un précédent traité avait été conclu le 21 octobre dernier avec le Hanôvre. D'autres, dit-on, ne tarderont pas à suivre. Mais ces traités, pour recevoir leur exécution, doivent être ratifiés par l'Assemblée nationale. En réalité, tout se réduit, à l'heure qu'il est, en fait de traités ayant cours d'exécution, à deux conventions avec la Sardaigne et avec le Portugal.

Nous ne parlons que pour mémoire de la clause insérée au traité de commerce passé avec les Pays-Bas, le 25 juillet 1840, et qui proclamait la garantie réciproque de la propriété littéraire, en attendant qu'on l'organisât par une convention spéciale qui n'a jamais été conclue. Depuis, la République a repris activement les négociations, et il paraît certain que très prochainement la contrefaçon aura un marché de moins sur le Continent (3).

---

(1) Voir le Message du président de la République au chapitre des affaires étrangères.

(2) M. Turgot, ministre des affaires étrangères pour la France ; M. le marquis de Normanby, ambassadeur de S. M. Britannique pour l'Angleterre.

(3) Les pays-Bas sont un des royaumes avec lesquels il est le plus désirable de voir un traité s'accomplir. La Hollande et la Prusse paraissent être les marchés intermédiaires de la contrefaçon belge; à elles deux, elles absorbent plus de la

Ces conventions, conclues surtout en vue de la contrefaçon belge, n'ont encore eu sur elle aucune influence appréciable, soit que le commerce d'exportation belge dans les pays avec lesquels des conventions ont été faites fût peu étendu, soit que les dispositions de ces traités, telles qu'elles étaient conçues jusqu'à ces derniers temps, aient été impuissantes à atteindre le but qu'elles se proposaient (1).

Mais si le résultat, en fait, a été nul, il a été très utile en ce sens qu'il a permis à la fois d'étudier les moyens pratiques de combattre avec succès la contrefaçon, et de poser les premiers jalons de cette série de traités qui doivent, à un jour donné, cerner et étouffer dans un cercle impénétrable l'industrie des contrefacteurs. Aujourd'hui le nœud est formé, la trame est liée, il ne reste plus qu'à l'étendre, et quand le législateur français aura le courage et le bon esprit de faire ce que lui demandent depuis dix ans les comités réunis de la Société des gens de lettres et de la librairie, c'est-à-dire de proclamer la reconnaissance du droit de propriété, en France, pour tous les ouvrages publiés par des étrangers dans leur pays, et sans condition de réciprocité, un grand exemple de force dans ses

---

moitié de la totalité des exportations de la librairie belge. Voici des chiffres : en 1841, sur les 168,000 kilogr. de livres exportés en totalité par la Belgique, la Prusse et les Pays-Bas en ont reçu plus de 90,000 ; en 1844, ces deux royaumes en ont reçu 151,000, et une fraction sur 221,000 ; en 1846, 119,000 et plus sur 213,000 ; en 1849, 117,000 et plus sur 184,000. — Les Pays-Bas seuls avaient reçu, en 1841, 41,000 kilogr. et une fraction ; en 1844, 65,000 kilogr. et plus ; en 1846, 46,000 et plus ; en 1849, 40,000 et plus. C'est, comme on voit, entre le quart et le cinquième de l'exportation totale de la Belgique. Voyez les états de douanes belges.

(1) Il paraît certain cependant que l'industrie de la contrefaçon belge, loin de prospérer, est en baisse. Ce résultat devrait être attribué en grande partie aux heureuses tentatives faites depuis quelques années par la librairie française dans la voie du bon marché, au moyen des éditions compactes. Notons ici un fait qui peut avoir son importance : à une certaine époque, les états de douanes belges étaient, en ce qui regarde les livres, à la partie des exportations, divisés en deux sections : l'une destinée aux livres imprimés à l'étranger, l'autre aux livres imprimés en Belgique même. Depuis 1841 les deux sections sont confondues et totalisées l'une dans l'autre. Ce pourrait bien être là l'indice d'une décadence qu'on cherche à voiler autant que possible.

propres ressources, de loyauté dans les relations de peuple à peuple aura été donné par la France à l'Europe, qui n'aura plus un seul prétexte à opposer aux réclamations de nos négociateurs.

Les deux récentes conventions conclues par la République, l'une avec la Sardaigne, l'autre avec le Portugal, sont, la première du 5 novembre 1850, la seconde du 12 avril de cette année.

La convention avec la Sardaigne n'est qu'une convention supplémentaire destinée à compléter deux traités précédens du 28 août 1843 et du 22 avril 1846, dont l'expérience avait démontré l'insuffisance. En somme, ces trois traités n'en constituent qu'un seul, puisqu'ils ne font que se compléter l'un par l'autre.

Le premier traité, du 28 août 1843, n'a guère fait que poser le principe fondamental de la répression de la contrefaçon en la prohibant sous ces deux faces : fabrication locale, — introduction, à l'entrée, des produits du dehors, et en prononçant contre les fraudeurs des sanctions pénales conformes aux législations respectives, sans distinction entre les œuvres des nationaux et les œuvres provenant du pays allié (1). La protection réciproque de la loi est étendue aussi bien à la propriété littéraire qu'à la propriété artistique, c'est-à-dire aux livres, aux compositions musicales, aux dessins, aux peintures, aux sculptures et aux autres productions analogues.

Les traductions sont assimilées aux ouvrages originaux dans deux cas : 1° lorsqu'elles sont faites par l'auteur lui-même dans l'année de la publication ; 2° lorsque, faites dans la langue de l'un des deux États, elles s'appliquent à des ouvrages publiés hors de leur territoire. La représentation des œuvres théâtrales est aussi assimilée à la publication des écrits.

La convention supplémentaire du 22 avril 1846, parmi

---

(1) C'est pour cette raison que le traité de 1843 fut soumis à la sanction de la Chambre des députés. Dans l'état de notre législation, aucune peine n'était applicable aux infractions prévues par les articles de la convention, en ce qui concernait les étrangers. Le traité ayant créé une pénalité à cet égard, le Gouvernement dut obtenir une loi pour faire exécuter ses engagemens avec la Sardaigne. Aujourd'hui ces distinctions n'existent plus. En tout état de cause, les traités doivent être préalablement soumis à l'approbation de l'Assemblée nationale.

quelques dispositions de détails relatives aux formalités exigées des auteurs pour établir leur propriété, eut pour but très important de déterminer un point essentiel à la réciprocité qui devait lier les deux pays, c'est-à-dire la durée des droits qui n'était pas la même dans l'une et l'autre législation En Sardaigne, le statut de Charles-Félix que nous avons fait connaître limitait le droit exclusif de auteurs à un délai fixe de quinze années. Un paragraphe de la nouvelle convention mit la législation sarde en harmonie avec la nôtre en étendant la durée de cette protection à la vie entière des auteurs et aux vingt années qui suivent le décès pour leurs héritiers.

La convention supplémentaire du 22 avril 1846 eut encore pour but la protection des articles de journaux. La première convention, du 28 août 1843, en avait permis la reproduction par les journaux de l'autre pays, à la charge seulement d'indiquer la source. Cette tolérance était devenue très préjudiciable à nos auteurs, surtout depuis que les plus célèbres d'entre eux se sont mis à publier leurs œuvres en feuilletons. Pour se faire une idée de ce préjudice, on n'a encore aujourd'hui qu'à jeter les yeux sur les journaux qui s'impriment en Espagne et en Italie. Le *rez-de-chaussée* de ces feuilles, comme on dit vulgairement, est presque toujours occupé par des romans d'auteurs français le plus en renom, traduits dans la langue du pays. La Belgique, elle, par sa conformité de langage avec nous, n'a pas besoin d'y mettre tant de façon; elle imprime purement et simplement le feuilleton du *Siècle* ou du *Constitutionnel*, qu'elle signe *Lamartine* ou *Alexandre Dumas*, avec une conscience aussi tranquille que si elle usait de son bien.

La convention supplémentaire du 22 avril 1846 avec la Sardaigne a donc modifié la première, en ce sens que la reproduction ne pourra avoir lieu si l'auteur a pris soin de déclarer qu'il l'interdit.

Telle était la situation qui était faite aux auteurs des deux pays. La question de principe était tranchée, mais il était impossible de se le dissimuler, on n'avait pas suffisamment organisé les moyens d'exécution.

Rendre plus efficaces les garanties internationales stipulées en faveur de la propriété des œuvres d'esprit et d'art publiées dans les deux pays, tel a été le but de la dernière convention supplémentaire conclue le 12 avril 1851 entre la République et la Sardaigne.

Ce sont ces moyens qu'il nous reste à apprécier et à faire connaître. Mais, auparavant, nous dirons un mot de la convention avec le Portugal, qui est, à peu de chose près, identique, et quant aux droits qu'elle garantit, et quant aux moyens d'exécution qu'elle contient.

En couvrant de sa protection les mêmes droits que la convention sarde, la convention portugaise contient les dispositions spéciales suivantes sur les articles de journaux. Elle prohibe cette reproduction, en original, si les auteurs ont pris soin de déclarer dans l'écrit périodique qu'ils l'interdisent, en traduction, si ces mêmes auteurs se la sont réservée et l'ont faite dans un délai de deux ans.

Quant aux traductions des ouvrages ordinaires, elles doivent, comme dans la convention sarde, être faites par les auteurs des ouvrages originaux, dans l'année, à partir d'un délai fixé. La convention portugaise contient seulement quelques dispositions plus précises sur les formalités à accomplir pour bien établir le point de départ du délai d'un an, et, en excluant de sa protection, comme la précédente, les traductions faites dans une langue autre que celle de l'un des deux Etats, elle excepte cependant de cette dernière règle, pour les assimiler aux ouvrages originaux, les traductions faites dans une des langues mortes ou scientifiques.

Une dernière différence entre les deux conventions est relative aux traductions des pièces de théâtre. L'état de décadence où se trouve l'art dramatique en Portugal n'a pas permis, comme dans le traité sarde, d'assimiler la traduction de la pièce faite par l'auteur aux œuvres ordinaires. Il a été stipulé, en faveur de l'industrie portugaise, que les pièces de théâtre pourraient être librement traduites. Mais on a eu soin, en faisant cette concession, de stipuler les droits de l'auteur de l'œuvre originale. Ce droit est du quart des honoraires alloués aux traducteurs, suivant les lois des deux pays.

Telles sont les distinctions de fond qui se remarquent dans les deux conventions sarde et portugaise.

Voyons maintenant les moyens d'exécution qui sont identiques, sauf sur un point (1).

_____

(1) D'après la convention portugaise, la contrefaçon est punie des mêmes peines que la contrebande, c'est-à-dire que la juridiction correctionnelle lui devient applicable. Il paraît que

La contrefaçon intérieure est facile à prohiber. Mais il n'en est pas de même de la contrefaçon qui vient du dehors. La fraude est d'une habileté merveilleuse pour introduire ses produits, et le passage des contrefaçons à la douane est le plus difficile à saisir. C'est cette lacune que les deux dernières conventions ont entrepris de combler par le certificat d'origine. Ce moyen, dont l'idée se trouve en germe dans le traité de 1846 entre la Prusse et l'Angleterre, consiste en ce que tout envoi d'ouvrages fait d'un pays dans l'autre doit être accompagné d'un certificat constatant : d'une part, le titre, la liste complète et le nombre d'exemplaires de chacun des ouvrages auxquels il s'applique ; et, de l'autre, que ces mêmes ouvrages sont tous édition et propriété nationale du pays d'où l'expédition s'effectue.

Voilà pour les ouvrages expédiés de France en Sardaigne ou en Portugal, et réciproquement. Ceci est le côté facile.

L'important, c'est la provenance des autres Etats non compris dans le contrat, car c'est d'eux que vient principalement la contrefaçon du dehors. A cet égard, il est stipulé que tous ouvrages expédiés en douane, même en transit ou par transbordement, à destination de l'un des Etats contractans, d'ailleurs que de l'autre Etat partie au traité, devront, lorsqu'ils seront rédigés dans la langue de ce dernier Etat, être accompagnés de certificats délivrés par les autorités compétentes du pays de provenance, libellés dans une forme indiquée et constatant que lesdits ouvrages sont tous publication originale dudit pays ou de toute autre contrée dans laquelle ces mêmes ouvrages ont été édités. A défaut de ces certificats, tout ouvrage d'esprit ou d'art est réputé contrefait.

Les conventions organisent, en outre, avec le plus grand soin, le mode de délivrance du certificat qui est rendu le moins coûteux possible, ainsi que la reconnaissance et la vérification de nationalité des ouvrages importés dans les bureaux de douane respectifs.

On a critiqué cependant la forme dans laquelle s'obtiennent les certificats et qui demande trop de temps pour les

---

nous n'avons pu faire admettre cette stipulation par la Sardaigne.

besoins rapides du commerce (1). Ce sont là des difficultés de détail qui peuvent avoir leur importance au point de vue industriel, mais qui ne nuisent en aucune façon au but principal du traité, la répression de la contrefaçon, et qui pourront être d'ailleurs facilement réformés par un réglement d'administration publique.

Mais une remarque facile à faire, c'est que les deux conventions en question, tout en ayant pour but la protection des œuvres de littérature et d'art, semblent s'occuper plus spécialement des ouvrages de librairie. Aussi, le rapporteur du projet de loi à l'Assemblée nationale faisait-il observer que les articles 2 et 3 du traité avec le Portugal, en exigeant le dépôt d'un *exemplaire* de l'ouvrage dont on veut garantir la propriété exclusive, ne paraissent stipuler que pour les œuvres littéraires et scientifiques, et il exprimait le regret qu'une stipulation spéciale n'eût pas été mise pour les œuvres d'art.

M. le rapporteur aurait pu mieux faire que d'exprimer un regret, c'eût été d'indiquer et de formuler cette stipulation spéciale nécessaire pour les œuvres d'art. Nous croyons que si cette stipulation n'existe pas au traité, c'est qu'en raison même de la nature des choses il est, pour ainsi dire, impossible de l'y mettre. Quel est l'artiste qui voudra s'astreindre à déposer une copie de son tableau ou de sa statue uniquement en vue d'une contrefaçon éventuelle ? Si, au contraire, son œuvre a été reproduite par la gravure ou le moulage, il pourra en déposer une copie, et, dans ce cas, le mot *exemplaire* peut aussi bien s'appliquer aux œuvres d'art qu'aux œuvres littéraires. Suivant nous, la convention, dans les moyens préventifs d'exécution, a fait tout ce qu'elle pouvait faire, et il paraît impossible de rien trouver de plus complet au point de vue douanier.

Ceci nous amène à un reproche qui a été adressé par la Commission même de l'Assemblée nationale aux intérêts privés engagés dans la question. Cette Commission, par l'organe de son rapporteur, blâmait l'inaction des auteurs et des éditeurs qui n'avaient pas secondé et, en quelque sorte, fécondé l'intervention des pouvoirs publics par leur

---

(1) Le certificat d'origine est soumis à Paris à une double intervention administrative, au visa du ministère de l'intérieur (bureau de la librairie), et à celui de la préfecture de la Seine, non compris celui des consulats respectifs.

propre intervention. Nous croyons que là est le nœud de la question. Tant que les intérêts privés ne prendront pas eux-mêmes l'initiative, et par les combinaisons de l'industrie, et par les poursuites judiciaires, il est à craindre qu'on n'arrive qu'à des résultats insignifians. On aura beau faire, la fraude trouvera toujours le moyen d'introduire ses produits si elle n'a devant elle que la surveillance des douanes; c'est encore là une conséquence de la nature même des choses. Dans cette question de répression de la contrefaçon, quelle est la partie la plus intéressée ? La France, évidemment; car c'est elle surtout, nous l'avons dit, dont on contrefait les produits littéraires et artistiques.

Or, quelle que soit la loyauté, le bon vouloir, l'empressement du gouvernement étranger à exécuter le traité, il ne lui sera pas possible de lutter contre les mille ruses de la fraude aux abois dans une question où son intérêt personnel sera fort peu engagé. Les gouvernemens sont un peu comme les individus, ils ne font rien ou peu de chose, qu'on nous passe l'expression, les uns vis-à-vis des autres par pure générosité. Au commencement, il y aura du zèle, de l'entrain peut-être ; mais si cette ardeur n'est pas entretenue par l'excitation des intérêts individuels, elle s'amortira et finira par laisser passer de nouveau l'industrie des contrefacteurs. Car, enfin, s'imagine-t-on toutes les appréciations délicates qu'auront à faire les commis de douane, obligés de discerner, dans des ballots venus de tous les coins de l'Europe, la contrefaçon de la publication légitime, et cela quand l'administration, dont ils sont les agens, a plutôt intérêt à trouver une publication légitime qu'une contrefaçon, puisque, au premier cas, elle percevra un droit d'entrée ? Et puis comment astreindre rigoureusement les provenances étrangères au certificat d'origine ? Le chapitre des représailles n'est-il pas à craindre ?

Ces observations étaient nécessaires pour arriver à notre conclusion, que le succès des traités en cette matière gît surtout dans l'emploi des moyens qu'ils mettent à la disposition des intéressés.

Mais de ce côté tout a-t-il été prévu ? Au point de vue douanier, préventif, la question paraît complètement résolue, nous l'avons dit; en est-il de même de la question de répression ? de la question qu'on pourrait appeler judiciaire ? A cet égard il y aurait peut-être quelques réserves à faire. Nous nous expliquons : des ouvrages contrefaits sont découverts, l'éditeur les fait saisir; jusque là tout va bien.

Mais l'administration ne peut mettre à la disposition de l'éditeur lésé que des mesures conservatoires. Pour obtenir réparation, au moins au point de vue des dommages-intérêts, il devra s'adresser à la justice de l'un des deux pays. C'est ici qu'il eût été désirable de rendre plus facile la position de l'éditeur étranger, en introduisant quelques dispositions sur la caution *judicatum solvi* et sur l'exécution des jugemens.

On sait ce que l'on entend dans notre droit par la caution *judicatum solvi* : c'est l'obligation pour l'étranger qui intente une action contre un régnicole de donner caution pour le paiement des frais et dommages-intérêts du procès. Cette formalité onéreuse est exigée aussi par les législations étrangères. Pourquoi ne pas avoir levé cet obstacle dans l'occasion présente comme cela a été fait souvent par des traités? On répondra peut-être que cette caution n'est demandée par le Code des deux pays qu'en matière civile et non en matière commerciale, et que la propriété littéraire étant matière commerciale, cela devenait inutile? Mais la question est controversée. Raison de plus pour la résoudre.

Dira-t-on qu'en ce qui concerne la Sardaigne, ce point a été réglé par un article d'un traité de 1760? Mais en admettant, ce qui est contestable, que ce traité soit encore en vigueur, l'objection reste entière vis-à-vis du Portugal (1).

Quant à l'exécution des jugemens, ce point offrait encore une plus grande importance. Pour comprendre l'intérêt de la question, nous rappellerons que l'article 14 de notre Code civil permet de traduire l'étranger, même non résidant en France, devant les Tribunaux de France, pour les obligations par lui contractées en pays étranger envers un Français.

(Notons tout de suite que, par obligations, il faut entendre toutes espèces d'obligations, aussi bien celles nées des contrats et des quasi-contrats, que celles des délits et des quasi-délits.)

Le Code sarde contient la même disposition que le Code français. Sur ce point spécial, il y a entente parfaite entre

---

(1) Les conventions récemment signées avec l'Angleterre et le Hanovre ne contiennent rien non plus sur ce point ni sur le suivant (l'exécution des jugemens). Ces deux traités ne contiennent pas non plus la clause du certificat d'origine.

les deux législations. Il pourra donc arriver qu'un éditeur français, par mille raisons de nécessité ou de préférence que nous n'avons point à examiner, obtienne d'un Tribunal français, contre un Sarde, une condamnation à raison de faits de contrefaçon. Il s'agira ensuite de faire exécuter cette condamnation. C'est alors qu'apparaissent toutes les difficultés que soulève le principe de l'exécution des jugemens rendus dans un pays étranger; difficultés de pratique et de doctrine qui peuvent demander beaucoup d'argent et beaucoup de temps, mais que notre Code civil lui-même a laissé le soin d'aplanir aux conventions diplomatiques (1).

Tels sont les deux points qu'il resterait peut-être à réglementer dans les conventions littéraires, et à l'égard desquels il nous semble qu'il y a quelque chose à faire au moins avec les États dont la législation est calquée sur la nôtre.

Nous y aurions de grands avantages, puisque ce sont nos nationaux surtout qui ont à poursuivre les contrefacteurs. Ce serait, en outre, un moyen de se rattacher au système adopté par la législation d'une grande partie des États de l'Europe qui admettent sans révision les jugemens étrangers à charge de réciprocité, ce qui, à raison de la jurisprudence et de l'usage contraires généralement suivis en France, place en pays étranger les jugemens français dans la position peu favorable qu'on fait en France aux jugemens étrangers.

Il suffit d'indiquer ici ces divers points de vue pour en mesurer l'importance. Citons seulement un fait qui nous vient à la pensée : un artiste vend un tableau à un étranger en se réservant le droit de reproduction. L'acquéreur emporte le tableau dans son pays et le reproduit par la gravure. Quels moyens les traités que nous connaissons donnent-ils à l'artiste pour avoir raison du contrefacteur? Aucun. Il lui reste donc la voie des Tribunaux, avec tous les embarras qu'entraîne un jugement qu'il faut obtenir ou faire exécuter à l'étranger. De quelle utilité ne lui serait pas la convention diplomatique qui préviendrait ces difficultés? Ce que nous disons là n'est pas nouveau et se pratique depuis longtemps. Un certain nombre d'États qui

---

(1) Nous n'indiquerons que les deux questions si débattues de la chose jugée et de l'exécution par la voie parée.

ont conclu des conventions d'extradition ont en même temps organisé les moyens d'exécution des jugemens obtenus devant leurs Tribunaux respectifs (1).

Les traités entre nations sur des intérêts autres que ceux de la conquête et de la politique n'ont été longtemps que des questions de tarifs à régler entre les administrations de chaque pays. Aujourd'hui le rapprochement des idées, l'analogie des faits et des mœurs ont créé de nouveaux intérêts qui, en compliquant les rapports internationaux, ont fait intervenir un pouvoir avec lequel la diplomatie ne s'était pas encore trouvée en contact. C'est le pouvoir judiciaire avec lequel il faut plus ou moins compter, suivant les pays, dans les conventions d'extradition et dans celles qui ont pour objet de garantir les droits des auteurs. On conçoit donc que la question de l'exécution des jugemens se trouve liée et résolue dans le même traité au point de vue administratif et au point de vue judiciaire.

Il ne faut pas d'ailleurs se faire illusion sur les effets possibles des conventions littéraires ainsi conclues isolément. Jusqu'ici, ces résultats ont été à peu près nuls. Il est à craindre qu'il n'en soit ainsi tant qu'un lien commun n'unira pas tous les gouvernemens dans une même guerre contre la contrefaçon. Mais à quand ce résultat ? A quand ce jour où les gouvernemens, délivrés enfin de la crainte des bouleversemens, pourront utiliser au profit de tous tant de forces aujourd'hui vainement dispersées? A quand ce jour où les peuples, unis dans une fraternelle alliance, n'auront d'autres luttes à soutenir que celles de l'intelligence et du travail, d'autre ambition que celle d'élargir encore et toujours les conquêtes de la civilisation ?

---

(1) Nous citerons entre autres la convention entre la Prusse et la Saxe, convention publiée à Berlin le 11 décembre 1839. Une convention analogue existe entre la Prusse et l'Autriche. V. *Revue de droit français et étranger*, 1840, page 1023.

# APPENDICE.

# CONVENTIONS DIPLOMATIQUES.[1]

## SARDAIGNE.

*Première convention conclue entre la France et la Sardaigne, le 28 août 1843, pour garantir dans les deux pays la protection des œuvres littéraires ou artistiques.*

S. M. le roi des Français et S. M. le roi de Sardaigne, également animés du désir de protéger les sciences et les arts et d'encourager les entreprises utiles qui s'y rapportent, ont, à cette fin, résolu d'adopter, d'un commun accord, les mesures qui leur ont paru les plus propres à garantir aux auteurs, ou à leurs ayants cause, la propriété de leurs œuvres littéraires ou artistiques dont la publication aurait lieu dans leurs Etats respectifs ; dans ce but, Leurs Majestés ont nommé pour leurs plénipotentiaires, savoir :

S. M. le roi des Français, le marquis Napoléon-Hector Soult de Dalmatie, son ambassadeur près la cour de S. M. le roi de Sardaigne, etc.; et S. M. le roi de Sardaigne, le comte Clément Solar de la Marguerite, son premier secrétaire d'Etat des affaires étrangères, etc.; lesquels, après avoir échangé leurs pleins pouvoirs, trouvés en bonne et due forme, sont convenus des articles suivants :

Art. 1er. Le droit de propriété des auteurs et de leurs ayants cause sur les ouvrages d'esprit ou d'art, comprenant les publications d'écrits, de composition musicale, de dessin, de peinture, de gravure, de sculpture, ou autres productions analogues, en tout ou en partie, tel que ce droit est réglé et déterminé par les législations respectives, s'exercera simultanément sur le territoire des deux Etats, de telle sorte que la reproduction ou la contrefaçon, dans l'un des deux Etats, d'ouvrages publiés dans l'autre Etat, soit assimilée à celle des ouvrages qui auraient été originairement publiés dans l'Etat même.

2. La traduction faite, dans l'un des deux Etats, d'un ouvrage publié dans l'autre Etat, est assimilée à sa reproduction, et comprise dans les dispositions de l'art. 1er, pourvu que l'auteur, sujet de l'un des deux souverains contractants, en faisant paraître un ou vrage, ait notifié au public qu'il entend le traduire lui-même, et

---

(1) On a suivi l'ordre chronologique dans l'insertion des conventions. Les textes qui suivent ont été collationnés avec le plus grand soin sur les traités originaux ou sur le *Bulletin des lois.*

que sa traduction ait été publiée dans le délai d'un an, à partir de la publication du texte original.

3. Sont également comprises dans les dispositions de l'art. 1ᵉʳ, et assimilées aux productions originales, en ce qui concerne leur reproduction dans la même langue, les traductions faites, dans l'un des deux Etats, d'ouvrages publiés hors du territoire des deux Etats. Toutefois, ne sont pas comprises dans lesdites dispositions les traductions faites dans] une langue qui ne serait pas celle de l'un des deux Etats.

4. Les dispositions des art. 1ᵉʳ et 2 sont applicables à la représentation des pièces de théâtre, sur lesquelles les auteurs ou leurs ayants cause percevront les droits déterminés par la législation du pays où elles seront représentées.

5. Nonobstant les dispositions des art. 1ᵉʳ et 2, les articles extraits des journaux ou écrits périodiques publiés dans l'un des deux Etats pourront être reproduits dans les journaux ou écrits périodiques de l'autre Etat, pourvu que l'origine en soit indiquée.

6. L'introduction et la vente, dans chacun des deux Etats, d'ouvrages ou d'objets de contrefaçon, définis par les art. 1ᵉʳ, 2 et 3 ci-dessus, sont prohibées, lors même que les contrefaçons auraient été faites dans un pays étranger.

7. En cas de contravention aux dispositions des articles précédents, la saisie des contrefaçons sera opérée, et les tribunaux appliqueront les peines déterminées par les législations respectives, de la même manière que si le délit avait été commis au préjudice d'un ouvrage ou d'une production d'origine nationale.

Les caractères qui constituent la contrefaçon seront déterminés par les tribunaux de l'un et de l'autre Etat, d'après la législation en vigueur dans chacun des deux Etats.

8. Pour faciliter l'exécution de la présente convention, les Gouvernements contractants se communiqueront réciproquement les lois et les règlements spéciaux que chacun d'eux pourra adopter relativement à la propriété des ouvrages ou productions définis par les art. 1ᵉʳ, 2, 3 et 4 ci-dessus.

9. Les dispositions de la présente convention ne pourront porter préjudice, en quoi que ce soit, au droit que se réserve expressément chacun des deux Etats de permettre, surveiller ou interdire, par des mesures de législation ou de police intérieure, la circulation, la représentation ou l'exposition de tels ouvrages ou productions sur lesquels il jugera convenable de l'exercer.

10. La présente convention aura force et vigueur pendant six années, à dater du jour dont les hautes parties conviendront pour son exécution simultanée, dès que la promulgation en sera faite d'après les lois particulières à chacun des deux Etats. Si, à l'expiration des six années, elle n'est pas dénoncée six mois à l'avance, elle continuera à être obligatoire d'année en année, jusqu'à ce que l'une des parties contractantes ait annoncé à l'autre, mais un an à l'avance, son intention d'en faire cesser les effets.

11. La présente convention sera ratifiée par Leurs Majestés, et

l'échange des ratifications aura lieu à Turin, dans l'espace d'un mois, ou plus tôt, si faire se peut (1).

Fait à Turin, le 28 août de l'an de Notre-Seigneur 1843. *Signé :* marquis DE DALMATIE. *Signé :* SOLAR DE LA MARGUERITE.

---

*Convention supplémentaire du 22 avril 1846, faisant suite à la précédente.*

S. M. le roi des Français et S. M. le roi de Sardaigne, désirant de prévenir les difficultés que pourrait rencontrer dans l'exécution la convention conclue à Turin, le 28 août 1843, pour garantir réciproquement la propriété des œuvres littéraires et artistiques, sont convenus de régler d'un commun accord et par une convention supplémentaire les points omis ou demeurés douteux, et ont nommé, à cet effet, pour leurs plénipotentiaires respectifs, savoir :

S. M. le roi des Français, le comte Hector Mortier, pair de France, etc., et S. M. le roi de Sardaigne, le comte Clément Solar de la Marguerite, son ministre et premier secrétaire d'Etat des affaires étrangères, etc. ; lesquels, après avoir échangé leurs pleins pouvoirs, trouvés en bonne et due forme, sont convenus des articles suivants :

Art. 1er. Les auteurs d'ouvrages d'esprit ou d'art, ou leurs ayants cause, qui auront accompli les formalités prescrites par les lois en vigueur dans celui des deux Etats où leurs ouvrages auront été publiés, seront admis à jouir, dans l'autre Etat, de la propriété assurée par la convention du 28 août 1843, à la charge seulement de faire constater, au besoin, par un certificat régulier, qu'ils ont accompli lesdites formalités.

En ce qui concerne la durée du droit de propriété, les hautes parties contractantes déclarent qu'elle sera respectivement, pour les auteurs, de leur vie entière, et, pour leurs héritiers, de vingt années, qui commenceront à partir du décès des auteurs.

2. Afin de pouvoir constater d'une manière précise, dans les deux Etats, le jour de la publication d'un ouvrage, on se réglera sur la date du dépôt qui en aura été opéré dans l'établissement public désigné à cet effet. Si l'auteur entend réserver son droit de traduction, il en fera la déclaration en tête de son ouvrage et mentionnera, à la suite de cette déclaration, la date du dépôt.

A l'égard des ouvrages qui se publient par livraisons, il suffira que cette déclaration de l'auteur soit faite dans la première livraison. Toutefois, le terme fixé pour l'exercice de ce droit ne

---

(1) Les ratifications ont été échangées le 27 septembre 1843.—L'ordonnance du Roi qui a prescrit la publication de la convention en France est des 12–14 octobre 1843.

commencera à courir qu'à dater de la publication de la dernière livraison, pourvu d'ailleurs que, entre les deux publications, il ne s'écoule pas plus de trois ans.

Relativement auxdits ouvrages publiés par livraisons, l'indication de la date du dépôt devra être apposée sur la dernière livraison, à partir de laquelle commence le délai fixé pour l'exercice du droit de traduction.

3. L'article 5 de la convention du 28 août 1843 est modifié en ce sens qu'on ne pourra pas reproduire, dans les deux Etats, les articles de journaux dont les auteurs auront déclaré, dans le journal même où ils les auront déposés, qu'ils en interdisent la reproduction.

4. La présente convention ne pourra faire obstacle à la libre continuation de la vente, publication ou introduction, dans les Etats respectifs, des ouvrages qui auraient déjà été publiés ou introduits, en tout ou en partie, dans l'un d'eux, avant la mise en vigueur de ladite convention, pourvu qu'on ne puisse faire postérieurement aucune autre publication des mêmes ouvrages, ni introduire de l'étranger des exemplaires autres que ceux destinés à compléter les expéditions ou souscriptions précédemment commencées.

5. La présente convention supplémentaire sera ratifiée, et les ratifications en seront échangées à Turin, dans le délai d'un mois, ou plus tôt, si faire se peut (1).

En foi de quoi les plénipotentiaires respectifs ont signé en double expédition la présente convention supplémentaire, et y ont apposé le cachet de leurs armes.

Fait à Turin, le 22 avril 1846.

*Signé :* Comte MORTIER. *Signé :* SOLAR DE LA MARGUERITE.

---

*Convention supplémentaire du 5 novembre 1850, complétant les deux précédentes.*

Le Président de la République française et S. M. le roi de Sardaigne, ayant reconnu que des circonstances indépendantes de la volonté des hautes parties contractantes ont jusqu'ici empêché que les conventions spéciales, signées à Turin le 28 août 1843 et le 22 avril 1846, pour la garantie réciproque, en France et en Sardaigne, de la propriété des œuvres d'art et d'esprit, produisissent les résultats avantageux qui en avaient inspiré la conclusion, et voulant régler, d'un commun accord, les difficultés pratiques que l'expérience a fait ressortir ; d'un autre côté, S. M. le roi de Sardaigne, ayant consenti à faciliter l'entrée dans ses Etats des livres, gravures, lithographies et ouvrages de musique

---

(1) Les ratifications ont été échangées le 4 mai 1846. — L'ordonnance de publication en France est des 13—19 mai 1846.

publiés en France, en abaissant les droits actuellement perçus, d'après la loi, pour l'importation desdits articles, le Président de la République française et S. M. le roi de Sardaigne ont jugé convenable de conclure, dans ce but, une convention spéciale, et ont nommé pour plénipotentiaires, savoir :

Le Président de la République française, M. Ferdinand Barrot, représentant du peuple, chevalier de la Légion d'honneur, envoyé extraordinaire et ministre plénipotentiaire de France près la cour de Turin ;

Et S. M. le roi de Sardaigne, M. le chevalier Louis Cibrario, sénateur du royaume, chevalier des ordres des saints Maurice et Lazare, et du Mérite civil de Savoie, commandeur et chevalier de plusieurs autres ordres étrangers ;

Lesquels, après s'être communiqué leurs pleins pouvoirs respectifs, trouvés en bonne et due forme, sont convenus des articles suivants :

Art. 1er. Les deux hautes parties contractantes, voulant assurer la stricte exécution des dispositions de l'article 6 de la convention du 28 août 1843, qui prononcent la prohibition, à l'entrée, dans chacun des deux Etats, de tous ouvrages ou objets de contrefaçon définis par les articles 1, 2 et 3 de ladite convention, s'obligent à tenir la main à ce que toute tentative faite pour introduire en fraude de semblables ouvrages ou objets de contrefaçon par les frontières des deux pays soit repoussée d'une manière absolue.

2. Afin de faciliter l'exacte exécution de l'engagement stipulé dans l'art. 1er précédent, il est, en outre, expressément convenu :

1° Que tout envoi fait d'un des deux pays dans l'autre, d'ouvrages d'esprit ou d'art, devra être accompagné d'un certificat délivré en France, par les préfets ou sous-préfets établis dans la ville la plus voisine du lieu d'expédition, et, en Sardaigne, par les intendants généraux et intendants de province.

Ce certificat, dont le coût ne pourra respectivement dépasser cinquante centimes, quel que soit le nombre d'ouvrages composant chaque envoi, devra, d'une part, énoncer la liste complète, le titre, le nombre d'exemplaires des ouvrages auxquels il s'applique, et, de l'autre, constater que ces mêmes ouvrages sont tous édition non contrefaite et propriété française ou sarde, selon le pays d'où l'exportation s'effectue, ou qu'ils y ont été nationalisés par le paiement des droits d'entrée ;

2° Que tous ouvrages, expédiés à destination de l'un des deux Etats, d'ailleurs que de l'autre Etat, devront, lorsqu'ils seront rédigés dans la langue de ce dernier Etat, être accompagnés de certificats délivrés par les autorités compétentes du pays de provenance, libellés dans la forme indiquée ci-dessus, et constatant que lesdits ouvrages sont tous publication non contrefaite d'ouvrages français ou piémontais.

3. La reconnaissance et la vérification de la nationalité des

envois d'ouvrages d'art ou d'esprit se feront dans les bureaux de douane respectifs spécialement ouverts à cet effet, et avec le concours des agents chargés, dans les deux pays, de l'examen des livres arrivant de l'étranger.

4. Tout ouvrage d'esprit ou d'art, dans les cas prévus par le précédent article, qui ne sera point accompagné de certificat en due forme, sera retenu à la douane ; procès-verbal en sera dressé, et une expédition dûment légalisée sera envoyée, dans le plus bref délai possible, aux agents diplomatiques ou consulaires respectifs, ainsi qu'aux parties intéressées, à la diligence de l'administration des douanes où la retenue a été opérée.

Les parties auront cinquante jours pour se pourvoir, soit devant l'autorité judiciaire, soit devant l'autorité administrative, afin de faire valoir leurs droits. Ce délai expiré sans qu'aucune réclamation ait été signifiée à l'administration des douanes, les livres retenus pourront être introduits, sauf aux parties à faire valoir ultérieurement leurs droits, conformément aux lois sur les contrefaçons.

5. Au moment de la mise à exécution de la présente convention, les hautes parties contractantes se communiqueront réciproquement la liste exacte des bureaux de douane maritimes et terrestres auxquels sera limitée, de part et d'autre, la faculté de recevoir et de reconnaître les envois d'ouvrages d'esprit ou d'art.

6. Pendant la durée de la présente convention, les droits actuellement établis à l'importation licite, dans le royaume de Sardaigne, des livres, gravures, dessins ou ouvrages de musique, publiés dans toute l'étendue du territoire de la République française, demeureront réduits et fixés au taux ci-après établi :

| Livres. . . | blancs reliés, à 65 francs par 100 kilogrammes. |
| | imprimés reliés, à 60 francs par 100 kilogrammes. |
| | *idem* brochés, à 30 francs par 100 kilogrammes. |
| Musique. . . | manuscrite, à 50 francs par 100 kilogrammes. |
| | gravée, à 60 francs par 100 kilogrammes. |
| Papier. . . | imprimé avec images.. { sur cuivre et lithographié, à 100 francs par 100 kilogrammes. |
| | figures et points de vue.. { sur bois, à 60 francs par 100 kilogr. |

Il est entendu que le taux des droits ci-dessus spécifiés ne sera pas augmenté pendant la durée de la présente convention, et que si, avant l'expiration de celle-ci, ce taux était réduit en faveur des livres, gravures, dessins ou ouvrages de musique publiés dans tout autre pays étranger, cette réduction s'étendra en même temps aux objets similaires publiés en France.

7. La présente convention, considérée comme supplémentaire à celles des 28 août 1843 et 22 avril 1846, dont la durée est prorogée pour le même laps de temps, restera en vigueur pendant six années, à partir du jour où les hautes parties contractantes seront convenues de la mettre à exécution, et après qu'elle aura

été promulguée conformément aux règlements de chaque pays. Dans le cas où aucune des deux parties ne signifierait, six mois avant l'expiration des six années sus-indiquées, son intention d'en faire cesser les effets, la présente convention et celles des 28 août 1843 et 22 avril 1846 continueront à rester en vigueur encore une année, et ainsi d'année en année, jusqu'à l'expiration d'une année à partir du jour où l'une ou l'autre des parties les auront simultanément dénoncées.

Les hautes parties contractantes se réservent cependant la faculté d'apporter d'un commun accord à la présente convention toute modification dont l'expérience viendrait à démontrer l'opportunité.

8. Les hautes parties contractantes, voulant assurer des garanties analogues à la propriété des marques et dessins de fabrique, sont convenues d'en faire l'objet d'un accord spécial, dès que la législation sur cette matière aura reçu, dans les deux pays, son complément nécessaire.

9. La présente convention sera ratifiée, et les ratifications en seront échangées à Turin, dans le délai de deux mois, ou plus tôt, si faire se peut (1).

En foi de quoi les plénipotentiaires respectifs l'ont signée et y ont apposé leurs cachets.

Fait à Turin, le 5 du mois de novembre de l'an 1850.

Signé : FERDINAND BARROT. Signé : CIBRARIO.

# PORTUGAL.

*Convention conclue entre la France et le Portugal, le 12 avril 1851.*

Le Président de la République française et S. M. Très-Fidèle la reine de Portugal et des Algarves, également animés du désir de protéger les arts, les sciences et les belles-lettres, et d'encourager les entreprises utiles qui s'y rapportent, ont, à cette fin, résolu d'adopter, d'un commun accord, les mesures qui leur ont paru les plus propres à garantir aux auteurs ou à leurs ayants cause la propriété de leurs œuvres littéraires ou artistiques, dont la publication aurait lieu dans les deux États respectifs.

Dans ce but, ils ont nommé pour leurs plénipotentiaires, savoir :

---

(1) Les ratifications ont été échangées à Turin le 6 février 1851.—Le décret de publication en France est du 10 février 1851.

Le Président de la République française, M. Adolphe Barrot envoyé extraordinaire et ministre plénipotentiaire de la Républi que française près de S. M. Très-Fidèle, commandeur de l'ordr national de la Légion d'honneur, etc.;

Et S. M. la reine de Portugal et des Algarves, M. Jean-Baptiste de Almeida Garrett, gentilhomme de sa maison, de son grand conseil, grand historiographe du royaume, son envoyé extraordinaire et ministre plénipotentiaire, commandeur et chevalier de divers ordres, etc.;

Lesquels, après avoir échangé leurs pleins pouvoirs, qui ont été trouvés en bonne et due forme, sont convenus des articles suivants :

Art. 1er. Le droit de propriété sur les ouvrages d'esprit ou d'art, comprenant la publication d'écrits, de compositions musicales, de peinture, de sculpture, de gravure, de lithographie ou de toutes autres productions analogues, en tout ou en partie, tel que ce droit est ou sera (1) réglé par les législations respectives, est reconnu et réciproquement garanti, sur le territoire des deux Etats, aux auteurs ou à leurs ayants cause, pendant la vie entière desdits auteurs, et à leurs héritiers ou ayants cause, pendant vingt ans au moins, à partir du jour du décès desdits auteurs.

Il est entendu que, si les lois de l'un des deux Etats respectifs viennent à accorder à ses nationaux un délai plus long, cette augmentation de délai sera également concédée aux nationaux de l'autre Etat, s'ils l'y réclament.

2. L'exercice de ce droit est subordonné toutefois à l'accomplissement des formalités qui, dans chacun des deux Etats, sont ou viendront à être prescrites par les lois, et, en outre, à un dépôt réciproque destiné à constater d'une manière précise le jour de la publication desdits ouvrages, et qui devra s'effectuer de la manière suivante :

Si l'ouvrage a paru pour la première fois en France ou dans ses dépendances, il en sera déposé un exemplaire à la bibliothèque publique de Lisbonne.

Si l'ouvrage a paru pour la première fois dans les Etats de S. M. Très-Fidèle, il en sera déposé un exemplaire au bureau de la librairie du ministère de l'intérieur à Paris.

Ce dépôt et l'enregistrement qui en sera fait sur les registres spéciaux tenus à cet effet ne donneront respectivement ouverture à la perception d'aucune taxe autre que celle du timbre, et le certificat qui en sera délivré fera foi, tant en jugement que hors, dans toute l'étendue des territoires respectifs, et constatera le droit exclusif de propriété, de publication ou de reproduction, aussi longtemps que quelque autre personne n'aura pas fait admettre en justice un droit mieux établi.

3. La traduction faite, dans l'un des deux Etats, d'un ouvrage

---

(1) *Voyez*, à la fin de l'appendice, le texte de la loi portugaise.

publié dans l'autre Etat, est assimilée à sa reproduction et comprise dans les dispositions de l'art 1ᵉʳ, pourvu que l'auteur ait fait connaître, par une déclaration placée en tête de l'ouvrage, qu'il entend le traduire lui-même ou le faire traduire, et que cette traduction ait effectivement paru dans le délai d'un an, à partir de la date du dépôt et de l'enregistrement du texte original. Il sera accordé aux auteurs, pour effectuer ce dépôt, un terme de rigueur qui ne pourra excéder trois mois, après la publication de l'original.

A l'égard des ouvrages qui se publient par livraisons, il suffira que cette déclaration soit faite sur la première livraison ; toutefois, le terme fixé pour l'exercice de ce droit ne commencera à courir qu'à dater de la publication de la dernière livraison, pourvu, d'ailleurs, qu'il ne s'écoule pas plus de trois ans entre la publication de la première livraison et celle de la dernière.

Quant aux ouvrages de plus d'un volume, dont les tomes se publieraient les uns après les autres, le délai dont il s'agit se calculera pour chacun desdits volumes de la même manière que s'il formait par lui-même une œuvre complète.

Relativement aux ouvrages publiés par livraisons, l'indication de la date du dépôt devra être apposée sur la dernière livraison, à partir de laquelle commencera le délai fixé pour l'exercice du droit de traduction.

4. Sont également comprises dans les dispositions de l'art. 1ᵉʳ et assimilées aux productions originales, en ce qui concerne leur reproduction dans la même langue, les traductions faites, dans l'un des deux Etats, d'ouvrages publiés hors du territoire des deux Etats.

Toutefois, ne sont pas comprises dans lesdites dispositions les traductions faites dans une langue qui ne serait pas celle de l'un des deux Etats.

Sont exceptées, néanmoins, de cette dernière règle, les traductions qui seraient faites dans une des langues mortes ou scientifiques, lesquelles entreront dans la règle générale établie par le présent article *in principio*.

5. Les dispositions de l'art. 1ᵉʳ sont applicables à la représentation des pièces de théâtre, sur lesquelles les auteurs ou leurs ayants cause percevront les droits d'auteur qui sont ou qui seront déterminés par la législation du pays où elles sont représentées.

Les dispositions de l'art. 3 ne sont pas applicables aux pièces de théâtre, lesquelles pourront être librement traduites dans les deux Etats respectifs, dès qu'elles auront paru dans l'un d'eux. Les auteurs de l'œuvre originale auront droit à percevoir un quart des honoraires alloués aux traducteurs, dans le pays où la traduction sera représentée, soit par la loi, soit par des conventions particulières. S. M. Très-Fidèle convient qu'à cet égard, s'il se rencontre quelque lacune dans la législation portugaise, on aura recours à la législation française, qui sera appliquée subsidiairement, en conformité avec les lois et les coutumes du royaume.

6. Les articles extraits des journaux ou écrits périodiques, publiés dans l'un des deux Etats, pourront être reproduits librement, en original ou en traduction, par la presse de l'autre Etat, pourvu que l'origine en soit indiquée, à moins, toutefois, que les auteurs desdits articles ou leurs ayants cause n'aient formellement déclaré, dans le numéro même du journal ou de l'écrit périodique où il les auront insérés, qu'ils en interdisent la reproduction, ou qu'ils se réservent le droit de les traduire ou de les faire traduire dans le délai légal.

7. Les dispositions de l'art. 2 ne s'étendront pas aux journaux et écrits périodiques ; mais si un article, une série d'articles ou une œuvre quelconque, qui aurait paru pour la première fois dans un journal ou dans un ouvrage périodique, vient à être reproduit plus tard sous une forme différente, les auteurs ou leurs ayants cause jouiront des droits garantis par les art. 1 et 3 ci-dessus, pourvu qu'ils satisfassent au dépôt prescrit par l'art. 2.

8. L'introduction et la vente, dans chacun des deux Etats, d'ouvrages ou d'objets de contrefaçon définis par les art. 1, 3 et 4 ci-dessus, sont prohibées, lors même que les contrefaçons auraient été faites dans un pays étranger.

9. Toute contravention aux dispositions des articles précédents sera assimilée en tout à l'introduction et à la vente de marchandises qualifiées contrebande par la législation fiscale des deux pays, et sera considérée comme telle dans tous les établissements de douane respectifs. Les objets saisis seront confisqués, et le délinquant sera frappé d'une amende de cinq cents fr. au moins, si le délit a été commis en France, et de quatre-vingt mille reis au moins, s'il a été commis en Portugal, laquelle amende sera moitié au profit des capteurs, et moitié au profit du trésor de l'Etat où elle aura été imposée, et ce, sans préjudice des dommages-intérêts que les tribunaux pourront arbitrer en faveur de qui de droit.

10. Pour assurer plus efficacement l'exécution de l'article précédent, il est, en outre, expressément stipulé :

1° Que tout envoi fait d'un pays dans l'autre d'ouvrages d'esprit ou d'art devra être accompagné d'un certificat délivré en France par les préfets ou sous-préfets établis dans la ville d'où se fera l'envoi, ou dans la ville la plus voisine de celle-ci, et en Portugal, par le gouverneur civil du district d'où l'envoi aura lieu.

Ce certificat, dont le coût ne pourra dépasser cinquante centimes en France, et quatre-vingts reis en Portugal, quel que soit le nombre d'ouvrages composant chaque envoi, devra, d'une part, énoncer le titre, la liste complète et le nombre d'exemplaires de chacun des ouvrages auxquels ils s'applique, et, de l'autre, constater que ces mêmes ouvrages sont tous édition et propriété nationale du pays d'où l'expédition s'effectue, ou qu'ils ont été nationalisés par le paiement des droits d'entrée.

Les certificats délivrés par les autorités locales ci-dessus mentionnées seront traduits et visés gratuitement par les agents diplomatiques ou consulaires respectifs ;

2° Que tous ouvrages expédiés en douane, même en transit ou
par transbordement, à destination de l'un des deux Etats, d'ailleurs que de l'autre Etat, devront, lorsqu'ils seront rédigés dans
la langue de ce dernier Etat, être accompagnés de certificats délivrés par les autorités compétentes du pays de provenance, libellés dans la forme indiquée ci-dessus, et constatant que lesdits ouvrages sont tous publication originale dudit pays ou de toute autre contrée dans laquelle ces mêmes ouvrages ont été édités.

Tout ouvrage d'esprit ou d'art qui, dans les cas prévus par le
présent article, ne serait pas accompagné du certificat ci-dessus
énoncé, en due forme, sera, par cela seul, réputé contrefait, assimilé comme tel à une marchandise de contrebande, et traité
conformément aux dispositions de l'art. 9 ci-dessus.

**11.** La reconnaissance et la vérification de nationalité des importations d'ouvrages d'esprit ou d'art se feront dans les bureaux
de douane respectifs spécialement ouverts à cet effet, et avec le
concours des agents particuliers chargés, dans les deux pays, de
l'examen des livres arrivant de l'étranger. Il sera dressé procès-
verbal de toute contravention aux dispositions prescrites par l'article 10, et les poursuites judiciaires auxquelles il y aurait lieu de
recourir seront dirigées, de part et d'autre, comme il est dit ci-
dessus, dans les formes établies par la législation respective en
matière de contrebande.

**12.** Au moment de la mise à exécution de la présente convention, les hautes parties contractantes se communiqueront réciproquement la liste exacte des bureaux de douane maritimes et terrestres auxquels sera limitée, de part et d'autre, la faculté de recevoir et de vérifier les envois d'ouvrages d'esprit ou d'art.

**13.** Pour prévenir toute difficulté ou complication judiciaire
quant au passé, à raison de la possession par les libraires, éditeurs ou imprimeurs respectifs, de contrefaçons d'ouvrages français ou portugais, reproduits ou importés par eux, il est stipulé et
convenu que les détenteurs actuels de ces contrefaçons ne pourront les vendre en gros ou en détail, ni les réexporter en pays
étranger ou pour un port quelconque dépendant de la métropole,
ni se soustraire aux poursuites judiciaires de la part des auteurs
desdits ouvrages ou de leurs ayants cause, qu'après avoir fait re-
vêtir chaque exemplaire de ces contrefaçons, par les autorités
compétentes du pays, d'un timbre spécial dont le coût ne pourra
pas dépasser, en France, vingt-cinq centimes, et en Portugal,
quarante reis.

Un délai de trois mois, à partir de l'échange des ratifications,
est respectivement accordé pour l'accomplissement de cette formalité, sans que cependant on puisse, dans l'intervalle et sous
aucun prétexte, introduire de l'étranger de nouveaux exem-

plaires des ouvrages contrefaits, ou publier dans le pays de nouvelles contrefaçons.

Passé ce délai, tout exemplaire contrefait d'un ouvrage d'esprit ou d'art, publié dans l'un ou l'autre pays, et dont la propriété aura été justifiée dans la forme prévue par l'article second, sera considéré comme ayant été introduit en fraude, et pourra être confisqué à la requête des propriétaires de l'ouvrage original ou de leurs ayants cause, sans préjudice des dommages-intérêts, amendes, dépens et autres peines déterminées ou qui viendraient à être déterminées par la législation respective de chacun des deux Etats, si ledit exemplaire n'est pas revêtu du timbre spécial ci-dessus mentionné.

14. Les dispositions de la présente convention ne pourront porter préjudice, en quoi que ce soit, au droit que se réserve expressément chacun des deux Etats de permettre, surveiller et interdire, par des mesures de législation et de police intérieure, la circulation, la représentation ou l'exposition de tels ouvrages ou productions sur lesquels il jugera convenable de l'exercer.

15. La présente convention aura force et vigueur pendant six années, à partir du jour dont les hautes parties contractantes conviendront pour son exécution simultanée, dès que la promulgation en sera faite d'après les lois particulières à chacun des deux Etats, lequel jour ne pourra dépasser de trois mois l'échange des ratifications.

Si, à l'expiration des six années, elle n'est pas dénoncée, six mois à l'avance, par une des hautes parties contractantes, elle continuera à être obligatoire, d'année en année, jusqu'à ce que l'une des parties contractantes ait annoncé à l'autre, un an à l'avance, son intention d'en faire cesser les effets.

Les hautes parties contractantes se réservent cependant la faculté d'apporter, d'un commun accord, à la présente convention, toute modification qui ne serait pas incompatible avec l'esprit et les principes qui en sont la base, et dont l'expérience viendrait à démontrer l'opportunité.

16. Les hautes parties contractantes s'engagent réciproquement, si l'une d'elles vient à signer avec un autre Etat une convention quelconque, ou traité sur cette même matière, à ce que celle qui la signera fasse tous ses efforts et emploie ses bons offices pour que l'autre partie présentement contractante soit admise à stipuler des conventions semblables, ou à adhérer à celles qui auraient été faites.

17. Les hautes parties contractantes désirant, en outre, protéger l'application à l'industrie manufacturière des travaux d'esprit et d'art, profitent de cette occasion pour déclarer, d'un commun accord, que la reproduction, dans l'un des deux pays, des marques de fabrique apposées dans l'autre sur certaines marchandises pour constater leur origine et leur qualité, sera assimilée à la contrefaçon des œuvres d'art, poursuivie comme telle, et que les dispositions relatives à la répression de ce délit, insérées dans la

présente convention, seront également applicables à la reproduction desdites marques de fabrique.

Les marques de fabrique dont les citoyens ou les sujets de l'un des deux États voudront s'assurer la propriété dans l'autre, devront être déposées exclusivement, savoir : les marques d'origine portugaise, à Paris, au greffe du tribunal de la Seine, et les marques de fabrique française, à Lisbonne, au greffe du tribunal de commerce de première instance.

Les hautes parties contractantes s'engagent également à assurer, dans les deux États respectifs, aussitôt que les circonstances le permettront, par des dispositions spéciales prises d'un commun accord, la propriété et les droits des individus qui, selon les lois de chacun des deux États, y auraient obtenu un brevet d'invention pour toute découverte faite par eux.

18. La présente convention sera ratifiée, et les ratifications en seront échangées, à Lisbonne, dans le délai de trois mois ou plus tôt, si faire se peut (1).

En foi de quoi les plénipotentiaires respectifs l'ont signée et y ont apposé le sceau de leurs armes.

Fait à Lisbonne, le douzième jour du mois d'avril de l'an de Notre-Seigneur mil huit cent cinquante et un.

*Signé :* ADOLPHE BARROT.　　*Signé :* JOAO-BAPTISTA DE ALMEIDA GARRETT.

# HANOVRE.

*Traité (2) conclu entre la France et le Hanovre, le 20 octobre 1851.*

Le Président de la République française et S. M. le roi de Hanovre, également animés du désir de protéger les sciences et les arts, et d'encourager les entreprises utiles qui s'y rapportent, ont, à cette fin, résolu d'adopter, d'un commun accord, les mesures les plus propres à garantir, dans les deux pays, aux auteurs ou à leurs ayants cause, la propriété des œuvres littéraires ou artistiques publiées pour la première fois en France ou dans le royaume de Hanovre.

Dans ce but, ils ont nommé pour leurs plénipotentiaires, savoir :

---

(1) Les ratifications ont été échangées le 1er juillet 1851. Le décret de publication en France, est des 28 août-5 septembre 1851.

(2) Le contrat Franco-Hanovrien, dans le cours de ses dispositions, prend tantôt le nom de *Traité*, tantôt le nom de *Convention*; c'est cette dernière expression qui est universellement adoptée pour tous les contrats internationaux faits au point de vue d'intérêts spéciaux.

6

Le président de la République, le sieur Arthur de Gobineau, son chargé d'affaires près la cour de Hanovre, etc. ;

Et S. M. le roi de Hanovre, le sieur Alexandre baron de Münckhausen, son président du conseil des ministres, etc., et le sieur Chrétien-Guillaume Lindemann, son ministre de l'intérieur, etc. ;

Lesquels, après s'être communiqué leurs pleins pouvoirs respectifs, trouvés en bonne et due forme, sont convenus des articles suivants :

Art. 1er. Le droit exclusif des auteurs de publier (*vervielfältigen*) leurs ouvrages d'esprit ou d'art, tels que livres, écrits, œuvres dramatiques, compositions musicales, tableaux, gravures, lithographies, dessins, travaux de sculpture, et autres productions littéraires et artistiques, sera protégé réciproquement dans les deux Etats, de telle sorte que la réimpression et la reproduction illicites des œuvres publiées primitivement dans l'un d'eux, seront assimilées dans l'autre à la réimpression et à la reproduction illicites des ouvrages nationaux ; et dès lors toutes les lois, ordonnances et stipulations aujourd'hui existantes ou qui pourraient, par la suite, être promulguées au sujet du droit exclusif de publication des œuvres littéraires et artistiques, seront applicables à cette contrefaçon.

Les représentants légaux ou les ayants cause des auteurs d'œuvres intellectuelles ou artistiques jouiront, sous tous les rapports, des mêmes droits que les auteurs eux-mêmes.

2. Les stipulations de l'art. 1er s'appliqueront également à la représentation ou exécution des œuvres dramatiques ou musicales, en tant que les lois de chacun des deux Etats garantissent ou garantiront par la suite protection aux œuvres susdites exécutées ou représentées pour la première fois sur les territoires respectifs.

3. Pour assurer à tous ouvrages intellectuels ou artistiques la protection stipulée dans les articles précédents, leurs auteurs devront établir, au besoin, par un témoignage émanant d'une autorité publique, que l'ouvrage en question est une œuvre originale qui, dans le pays où elle a été publiée, jouit de la protection légale contre la contrefaçon ou réimpression illicite.

4. L'exposition et la vente de réimpressions et reproductions illicites des œuvres indiquées dans l'art. 1er sont prohibées dans les deux Etats, sans qu'il y ait à distinguer si ces réimpressions et reproductions proviennent de l'un des Etats même ou de tout autre pays.

5. Les deux hautes parties contractantes s'engagent à assurer, par tous les moyens en leur pouvoir, l'exécution des stipulations contenues dans les articles précédents, et à faire jouir réciproquement leurs ressortissants de la protection légale assurée aux nationaux.

Les tribunaux de chaque pays auront à décider, d'après la législlation existante, la question de contrefaçon ou de reproduction illicite.

6. La présente convention ne pourra faire obstacle à la publication ou à la vente des réimpressions ou reproductions qui auraient été déjà publiées, introduites ou commandées, en tout ou en partie, dans chacun des deux Etats, antérieurement à sa publication.

Les deux hautes parties contractantes se réservent de s'entendre sur la fixation d'un délai après lequel la vente des réimpressions et reproductions indiquées dans le présent article ne pourra plus avoir lieu.

7. Pour faciliter l'exécution de ce traité, les deux hautes parties contractantes se communiqueront respectivement les lois et ordonnances que chacune d'elles aurait ou pourrait, à l'avenir, promulguer pour garantir le commerce légitime contre la réimpression et reproduction illicites.

8. Les stipulations de ce traité ne sauraient infirmer le droit des deux hautes parties contractantes de surveiller, de permettre ou d'interdire, à leur convenance, par des mesures législatives ou administratives, le commerce, la représentation, l'exposition (*Feilhaltung*) ou la vente de productions littéraires ou artistiques.

De même, aucune des stipulations de la présente convention ne saurait être interprétée de manière à contester le droit des hautes parties contractantes de prohiber l'importation sur leur propre territoire des livres que leur législation intérieure ou des traités avec d'autres Etats feraient entrer dans la catégorie des reproductions illicites.

9. Les Etats germaniques qui seraient disposés à adhérer à la présente convention y seront admis.

Le gouvernement de S. M. le roi de Hanovre s'engage à employer ses bons offices, pour déterminer dans le plus bref délai possible, l'accession des autres gouvernements germaniques, et cela dans la forme qui lui paraîtra la plus propre à amener ce résultat.

10. La présente convention restera en vigueur jusqu'au 1er novembre 1856, et, à partir de cette époque, pendant un an encore après la dénonciation qui pourrait en avoir été faite, par l'une ou l'autre des hautes parties contractantes, postérieurement à cette date.

Un an après l'échange des ratifications, le présent traité sera l'objet d'un travail de révision, et si, contre toute attente, les nouvelles stipulations qui seraient alors jugées nécessaires ne pouvaient y être introduites d'un commun accord, les deux hautes parties contractantes auraient respectivement la faculté d'en faire cesser les effets.

La même faculté existera également dans le cas où les tarifs respectifs des droits perçus actuellement pour l'importation des livres et autres œuvres désignées dans l'art. 1er subiraient des augmentations.

6.

11. La présente convention sera ratifiée, et l'échange des ratifications aura lieu à Hanovre, dans le délai de deux mois au plus tard.

Après l'échange des ratifications, le présent traité sera publié par les deux hautes parties contractantes, aussitôt que possible, et il sera mis en vigueur après la publication accomplie dans les deux Etats.

Fait à Hanovre, ce 20 octobre 1851. *Signé* A. DE GOBINEAU, MUNCKHAUSEN, LINDEMANN.

# GRANDE-BRETAGNE.

*Convention conclue entre la France et l'Angleterre, le 3 novembre 1851.*

Le Président de la République française et S. M. la reine du royaume uni de la Grande-Bretagne et d'Irlande, également animés du désir d'étendre dans les deux pays la jouissance des droits d'auteur pour les ouvrages de littérature et de beaux-arts qui pourront être publiés pour la première fois dans l'un des deux; et S. M. Britannique ayant consenti à étendre aux livres, gravures et œuvres musicales publiés en France la réduction que la loi l'autorise à accorder, sous certaines conditions, dans le taux des droits actuellement perçus à l'importation, dans le royaume uni, de ces mêmes articles publiés en pays étranger;

Le Président de la République française et S. M. Britannique ont jugé à propos de conclure dans ce but une convention spéciale, et ont nommé à cet effet pour leurs plénipotentiaires, savoir :

Le Président de la République française :

M. Louis-Félix-Etienne Turgot, officier de l'ordre national de la Légion d'honneur, chevalier de l'ordre royal de Saint-Ferdinand d'Espagne de 2ᵉ classe, etc., ministre au département des affaires étrangères;

Et S. M. la reine du royaume uni de la Grande-Bretagne et d'Irlande :

M. Constantin Henry, marquis de Normanby, pair du royaume uni, chevalier du très-noble ordre de la Jarretière, grand-croix du très-honorable ordre du Bain, etc., son ambassadeur extraordinaire et plénipotentiaire près la République française;

Lesquels, après s'être communiqué leurs pleins pouvoirs, trouvés en bonne et due forme, sont convenus des articles suivants :

Art. 1ᵉʳ. A partir de l'époque à laquelle, conformément aux stipulations de l'art. 14 ci-après, la présente convention deviendra exécutoire, les auteurs d'œuvres de littérature ou d'art auxquels les lois de l'un des deux pays garantissent actuellement ou garantiront à l'avenir le droit de propriété ou d'auteur, auront la faculté d'exercer ledit droit sur les territoires de l'autre pays, pendant le même espace de temps et dans les mêmes limites que s'exercerait, dans cet autre pays lui-même, le droit attribué aux auteurs d'ouvrages de même nature qui y seraient publiés, de telle sorte que la reproduction ou la contrefaçon dans l'un des deux Etats de toute œuvre de littérature ou d'art publiée dans l'autre, sera traitée de la même manière que le serait la reproduction ou la contrefaçon d'ouvrages de même nature, originairement publiés dans cet autre Etat, et que les auteurs de l'un des deux pays auront, devant les tribunaux de l'autre, la même action et jouiront des mêmes garanties contre la contrefaçon ou la reproduction non autorisée, que celles que la loi accorde ou pourrait accorder à l'avenir aux auteurs de ce dernier pays.

Il est entendu que ces mots : « œuvres de littérature ou d'art, » employés au commencement de cet article, comprennent les publications de livres, d'ouvrages dramatiques, de composition musicale, de dessin, de peinture, de sculpture, de gravure, de lithographie et de toute autre production quelconque de littérature et de beaux-arts.

Les mandataires ou ayants cause des auteurs, traducteurs, compositeurs, peintres, sculpteurs ou graveurs, jouiront à tous égards des mêmes droits que ceux que la présente convention accorde aux auteurs, traducteurs, compositeurs, peintres, sculpteurs ou graveurs eux-mêmes.

2. La protection accordée aux ouvrages originaux est étendue aux traductions.

Il est bien entendu, toutefois, que l'objet du présent article est simplement de protéger le traducteur par rapport à sa propre traduction, et non pas de conférer le droit exclusif de traduction au premier traducteur d'un ouvrage quelconque, hormis dans le cas et les limites prévus par l'article suivant.

3. L'auteur de tout ouvrage publié dans l'un des deux pays, qui aura entendu réserver son droit de traduction, jouira pendant cinq années, à partir du jour de la première publication de la traduction de son ouvrage autorisée par lui, du privilége de protection contre la publication, dans l'autre pays, de toute traduction du même ouvrage non autorisée par lui, et ce sous les conditions suivantes :

1° L'ouvrage original sera enregistré et déposé dans l'un des deux pays dans un délai de trois mois, à partir du jour de la première publication dans l'autre pays ;

2° Il faudra que l'auteur ait indiqué en tête de son ouvrage l'intention de se réserver le droit de traduction ;

3° Ladite traduction autorisée devra avoir paru, au moins en partie, dans le délai d'un an, à compter de la date de l'enregistrement et du dépôt de l'original, et en totalité dans le délai de trois ans, à partir dudit dépôt ;

4° La traduction devra être publiée dans l'un des deux pays, et être enregistrée et déposée conformément aux dispositions de l'art. 8.

Pour les ouvrages publiés par livraisons, il suffira que la déclaration de l'auteur, qu'il entend se réserver le droit de traduction, soit exprimée dans la première livraison.

Toutefois, en ce qui concerne le terme de cinq ans assigné par cet article pour l'exercice du droit privilégié de traduction, chaque livraison sera considérée comme un ouvrage séparé ; chacune d'elles sera enregistrée et déposée dans l'un des deux pays dans les trois mois, à partir de sa première publication dans l'autre.

4. Les stipulations des articles précédents s'appliqueront également à la représentation des ouvrages dramatiques et à l'exécution des compositions musicales, en tant que les lois de chacun des deux pays sont ou seront applicables, sous ce rapport, aux ouvrages dramatiques et de musique représentés ou exécutés publiquement dans ces pays pour la première fois.

Toutefois, pour avoir droit à la protection légale, en ce qui concerne la traduction d'un ouvrage dramatique, l'auteur devra faire paraître sa traduction trois mois après l'enregistrement et le dépôt de l'ouvrage original.

Il est bien entendu que la protection stipulée par le présent article n'a point pour objet de prohiber les imitations faites de bonne foi, ou les appropriations des ouvrages dramatiques aux scènes respectives de France et d'Angleterre, mais seulement d'empêcher les traductions en contrefaçon.

La question d'imitation ou de contrefaçon sera déterminée dans tous les cas par les tribunaux des pays respectifs, d'après la législation en vigueur dans chacun des deux États.

5. Nonobstant les stipulations des art. 1er et 2 de la présente convention, les articles extraits de journaux ou de recueils périodiques publiés dans l'un des deux pays, pourront être reproduits ou traduits dans les journaux ou recueils périodiques de l'autre pays, pourvu qu'on y indique la source à laquelle on les aura puisés.

Toutefois, cette permission ne saurait être comprise comme s'étendant à la reproduction, dans l'un des deux pays, des articles de journaux ou de recueils périodiques publiés dans l'autre, dont les auteurs auraient déclaré d'une manière évidente, dans le journal ou le recueil même où il les auront fait paraître, qu'ils en interdisent la reproduction.

6. Sont interdites l'importation et la vente, dans l'un ou l'autre des deux pays, de toute contrefaçon d'ouvrages jouissant du privilége de protection contre la contrefaçon, en vertu des art. 1, 2, 3 et 5 de la présente convention, que ces contrefaçons soient originaires du pays où l'ouvrage a été publié, ou bien de toute autre contrée étrangère.

7. En cas de contravention aux dispositions des articles pré-

cédents, les ouvrages ou objets contrefaits seront saisis et détruits, et les individus qui se seront rendus coupables de ces contraventions seront passibles, dans chaque pays, de la peine et des poursuites qui sont ou seraient prescrites par les lois de ce pays contre le même délit commis à l'égard de tout ouvrage ou production d'origine nationale.

8. Les auteurs, traducteurs, de même que leurs représentants ou ayants cause, légalement désignés, n'auront droit dans l'un et l'autre pays à la protection stipulée par les articles précédents, et le droit d'auteur ne pourra être réclamé dans l'un des deux pays, qu'après que l'ouvrage aura été enregistré de la manière suivante, savoir :

1° Si l'ouvrage a paru pour la première fois en France, il faudra qu'il ait été enregistré à l'hôtel de la corporation des libraires (*stationer's hall*) à Londres ;

2° Si l'ouvrage a paru pour la première fois dans les Etats de S. M. Britannique, il faudra qu'il ait été enregistré au bureau de la librairie du ministère de l'intérieur à Paris.

La susdite protection ne sera acquise qu'à celui qui aura fidèlement observé les lois et réglements en vigueur dans les pays respectifs, par rapport à l'ouvrage pour lequel cette protection serait réclamée.

Pour les livres, cartes, estampes ou publications musicales, la susdite protection ne sera acquise qu'autant que l'on aura remis gratuitement dans l'un ou l'autre des dépôts mentionnés ci-dessus, suivant les cas respectifs, un exemplaire de la meilleure édition, ou dans le meilleur état, destiné à être déposé au lieu indiqué à cet effet dans chacun des deux pays, c'est-à-dire en France à la bibliothèque Nationale de Paris, et dans la Grande-Bretagne au musée Britannique à Londres.

Dans tous les cas, les formalités du dépôt et de l'enregistrement devront être remplies sous les trois mois qui suivront la première publication de l'ouvrage dans l'autre pays. A l'égard des ouvrages publiés par livraisons, ce délai de trois mois ne commencera à courir qu'à dater de la publication de la dernière livraison, à moins que l'auteur n'ait indiqué, conformément aux dispositions de l'art. 3, son intention de se réserver le droit de traduction, auquel cas chaque livraison sera considérée comme un ouvrage séparé.

Une copie authentique de l'inscription sur le registre de la corporation des libraires à Londres, conférera dans les Etats britanniques le droit exclusif de reproduction jusqu'à ce que quelque autre personne ait fait admettre devant un tribunal un droit mieux établi.

Le certificat délivré conformément aux lois françaises, et constatant l'enregistrement d'un ouvrage dans ce pays, aura la même force et valeur dans toute l'étendue du territoire de la République française.

Au moment de l'enregistrement d'un ouvrage dans l'un des

deux pays, il en sera délivré, si on le demande, un certificat ou copie certifiée ; et ce certificat relatera la date précise à laquelle l'enregistrement aura eu lieu.

Le coût d'enregistrement d'un seul ouvrage, conformément aux stipulations du présent article, ne pourra pas dépasser la somme de 1 fr. 25 c. en France, et d'un shilling en Angleterre ; et les frais additionnels pour le certificat d'enregistrement ne devront pas excéder la somme de 6 fr. 25 c., en France, ou de 5 shillings, en Angleterre.

Les présentes stipulations ne s'étendront pas aux articles de journaux ou de recueils périodiques, pour lesquels le simple avertissement de l'auteur, ainsi qu'il est prescrit à l'art. 5, suffira pour garantir son droit contre la reproduction ou la traduction. Mais si un article ou un ouvrage qui aura paru pour la première fois dans un journal ou dans un recueil périodique est ensuite reproduit à part, il restera alors soumis aux stipulations du présent article.

9. Quant à ce qui concerne tout objet autre que les livres, estampes, cartes et publications musicales, pour lesquelles on pourrait réclamer la protection, en vertu de l'art. 1er de la présente convention, il est entendu que tout mode d'enregistrement autre que le mode prescrit par l'article précédent, qui est ou qui pourrait être appliqué par la loi dans l'un des deux pays, à l'effet de garantir le droit de propriété à toute œuvre quelconque ou article mis pour la première fois au jour dans ce pays, ledit mode d'enregistrement sera étendu, sous des conditions égales, à toute œuvre ou objet similaire mis au jour pour la première fois dans l'autre pays.

10. Pendant la durée de la présente convention, les droits actuellement établis à l'importation licite dans le royaume uni de la Grande-Bretagne et d'Irlande, des livres, gravures, dessins ou ouvrages de musique publiés dans toute l'étendue du territoire de la République française, demeurent réduits et fixés au taux ci-après établi, savoir :

1° Droits sur les livres et œuvres de musique :

A. Ouvrages publiés pour la première fois dans le Royaume uni et reproduits en France, par quintal anglais. 2 l. 10 sh. 0 d.

B. Ouvrages non publiés pour la première fois, dans le Royaume uni, par quintal anglais. . . . . . . . . . . . . . . . . . 0    15    0

2° Gravures ou dessins.

A. Coloriés ou non ; chaque pièce. . . . . 0    0    0  1/2
B. Reliés ou brochés, la douzaine. . . . . 0    0    1  1/2

Il est convenu que le taux des droits ci-dessus spécifiés ne sera pas augmenté pendant la durée de la présente convention, et que si, par la suite, pendant la durée de cette convention, ce taux était réduit en faveur des livres, gravures, dessins ou ouvrages de musique publiés dans tout autre pays, cette réduction s'étendra en même temps aux objets similaires publiés en France.

Il est, en outre, bien entendu que tout ouvrage publié en France, et dont une partie aura été mise au jour pour la première fois dans le Royaume uni, sera considéré comme « ouvrage publié pour la première fois dans le Royaume uni, et reproduit en France, » et à ce titre, il sera soumis aux droits de 50 shillings par quintal anglais, alors même qu'il contiendrait encore des additions originales publiées ailleurs que dans le Royaume uni, à moins que ces additions originales ne soient d'une étendue pour le moins égale à celle de la partie de l'ouvrage publiée originairement dans le Royaume uni, auquel cas l'ouvrage ne serait soumis qu'aux droits de 15 shillings par quintal anglais.

11. Pour faciliter l'exécution de la présente convention, les deux hautes parties contractantes s'engagent à se communiquer mutuellement les lois et règlements qui pourront être ultérieurement établis dans les Etats respectifs à l'égard des droits d'auteurs pour les ouvrages et productions protégés par les stipulations de la présente convention.

12. Les stipulations de la présente convention ne pourront, en aucune manière, porter atteinte au droit que chacune des deux hautes parties contractantes se réserve expressément de surveiller ou de défendre, au moyen de mesures législatives ou de police intérieure, la vente, la circulation, la représentation et l'exposition de tout ouvrage ou de toute production à l'égard desquels l'un ou l'autre pays jugerait convenable d'exercer ce droit.

13. Rien dans cette convention ne sera considéré comme portant atteinte au droit de l'une ou de l'autre des deux hautes parties contractantes de prohiber l'importation dans ses propres Etats des livres qui, d'après ses lois intérieures ou des stipulations souscrites avec d'autres puissances, sont ou seraient déclarés être des contrefaçons ou des violations du droit d'auteur (1).

14. S. M. Britannique s'engage à recommander au parlement d'adopter une loi qui l'autorise à mettre en vigueur celles des dispositions de la présente convention qui ont besoin d'être sanctionnées par un acte législatif. Lorsque cette loi aura été adoptée, la convention sera mise à exécution à partir d'un jour qui sera alors fixé par les deux hautes parties contractantes.

Dans chaque pays, le Gouvernement fera dûment connaître d'avance le jour ainsi convenu, et les stipulations de la convention ne seront applicables qu'aux œuvres et articles publiés après cette date. La présente convention restera en vigueur pendant dix années, à partir du jour où elle pourra être mise en vigueur ; et dans le cas où aucune des deux parties n'aurait pas signifié, douze mois avant l'expiration de ladite période de dix années,

(1) *Voyez* à la page suivante le texte des conventions conclues par la Grande-Bretagne avec la Prusse et le Hanovre.

son intention d'en faire cesser les effets, la convention continue-
rait à rester en vigueur encore une année, et ainsi de suite,
d'année en année, jusqu'à l'expiration d'une année, à partir du
jour où l'une ou l'autre des parties l'aura dénoncée.

Les hautes parties contractantes se réservent cependant la faculté d'apporter à la présente convention, d'un commun accord,
toute modification qui ne serait pas incompatible avec l'esprit et
les principes qui en sont la base, et dont l'expérience aurait démontré l'opportunité.

15. La présente convention sera ratifiée, et les ratifications en
seront échangées à Paris, dans le délai de trois mois, à partir du
jour de la signature, ou plus tôt si faire se peut.

En foi de quoi, les plénipotentiaires respectifs l'ont signée et y
ont apposé leurs cachets respectifs.

Fait à Paris, le troisième jour du mois de novembre de l'an de
grâce mil huit cent cinquante et un.

*Signé* : TURGOT. *Signé* : NORMANBY.

---

*Convention littéraire conclue entre la Grande-Bretagne et la
Prusse, le 13 mai 1846.*

Art. 1er. Les auteurs de livres, d'œuvres dramatiques ou de
compositions musicales, et les inventeurs, dessinateurs ou graveurs de dessins et sculptures, ou de tout autre ouvrage concer-
nant la littérature ou les beaux-arts, pour lesquels les lois de la
Prusse et de la Grande-Bretagne donnent ou donneront à leurs
sujets respectifs le droit exclusif de la reproduction, devront,
pour toute œuvre ou objet de ce genre, publié pour la première
fois dans l'un des deux pays, jouir dans l'autre pays du même
droit exclusif de reproduction que celui dont jouirait l'auteur,
inventeur, dessinateur ou graveur d'un semblable ouvrage, si
cette œuvre avait paru pour la première fois dans l'autre pays ; ils
auront droit à la même protection, au même recours légal contre
la contrefaçon et toute reproduction illicite.

Les représentants légaux ou ayants droit desdits auteurs, inventeurs ou dessinateurs, seront, sous tous les rapports, traités
sur le même pied que les auteurs, inventeurs ou dessinateurs
eux-mêmes.

2. On ne jouira, dans l'un et l'autre pays, de la protection
résultant des stipulations de l'article précédent, qu'à la condition
que l'œuvre, pour laquelle le droit exclusif de reproduction est
réclamé, aura été enregistrée par le producteur original ou par ses
représentants naturels ou légaux, de la manière suivante :

1° Si l'ouvrage a paru d'abord dans un des pays soumis à la
domination du roi de Prusse, il doit avoir été enregistré sur le
registre de l'Union des libraires à Londres ;

2° Si l'ouvrage a paru pour la première fois dans les États soumis à la domination de S. M. britannique, il doit être inscrit sur

le catalogue qui sera ouvert dans ce but dans les bureaux du ministère chargé, en Prusse, de l'instruction publique, de la médecine et des cultes.

Personne ne sera admis à jouir de la protection susmentionnée, sans qu'il ait complétement satisfait aux lois et règlements de l'Etat, en ce qui concerne l'ouvrage pour lequel il le réclame, et de plus, sans qu'une copie de l'ouvrage, et dans le cas où il y aurait plusieurs copies du même ouvrage, sans qu'une copie de la meilleure édition ou dans le meilleur état, n'ait été déposée dans l elieu désigné pour cet objet dans les pays respectifs.

Une copie certifiée de l'acte d'enregistrement dudit ouvrage sur les livres de la corporation des libraires à Londres fera foi du droit exclusif à la reproduction, dans tous les Etats soumis à la domination britannique, tant que la preuve du contraire n'aura pas été administrée devant une Cour de justice, et le certificat donné, d'après les lois de la Prusse, de l'enregistrement d'un ouvrage, dans ce pays, sortira au même effet dans les Etats prussiens.

3. Les auteurs d'œuvres dramatiques ou musicales qui auront été exécutées ou représentées publiquement pour la première fois dans l'un des deux pays, ainsi que les représentants naturels ou conventionnels de ces auteurs, seront protégés, en ce qui concerne la représentation ou l'exécution publique de leur ouvrage dans l'autre pays, d'une manière aussi complète que les sujets natifs de ce pays seraient protégés eux-mêmes pour les œuvres exécutées ou représentées pour la première fois dans leur pays, pourvu qu'ils aient préalablement assuré leur droit à la reproduction par l'enregistrement aux lieux mentionnés dans l'article précédent, conformément aux lois des Etats respectifs.

4. Au lieu des droits qui devraient être perçus pendant la durée de la présente convention sur l'importation dans le Royaume uni de livres étrangers, les œuvres musicales, les gravures et les dessins, il sera perçu à l'importation desdits ouvrages publiés dans les Etats prussiens, et légalement importables dans le Royaume uni, simplement les droits spécifiés dans le tableau ci-annexé, c'est-à-dire droits sur les livres et œuvres musicales.

| | l. | s. | d. | |
|---|---|---|---|---|
| Ouvrages produits primitivement dans le Royaume uni et reproduits en Prusse, par CWT (quintal)................ | 2 | 10 | 0 | |
| Ouvrages non primitivement publiés dans le Royaume uni par CWT (quintal)..... | 0 | 15 | 0 | |
| Gravures et dessins en noir ou en couleur, chaque épreuve.............. | 0 | 0 | 0 | 1/2 |
| Brochés ou reliés, la douzaine....... | 0 | 0 | 1 | 1/2 |

Il est entendu que tout ouvrage dont une partie aura été publiée primitivement dans le Royaume uni, sera considéré comme ouvrage primitivement publié dans le Royaume uni et reproduit en Prusse, sera soumis au droit de 50 sh. par CWT, bien que le même ouvrage contienne des parties primitivement publiées en d'autres pays, à moins que cette partie originale soit au moins égale à celle publiée primitivement dans le Royaume uni, dans lequel cas l'ouvrage sera simplement soumis au droit de 15 sh. par CWT.

Art. 5. Il est convenu que des timbres seront confectionnés conformément à un modèle qui sera connu des officiers des douanes du Royaume-uni, et que les autorités municipales ou autres des différentes villes de la Prusse apposeront ces timbres sur tous les livres destinés à l'exportation pour le Royaume-uni. En ce qui concerne les stipulations du présent traité relatives au taux des droits de douanes applicables auxdites publications, seront seuls considérés comme ayant été publiés en Prusse, les livres qui porteront sur leur première page, la mention qu'ils ont été publiés dans quelque ville ou localité soumise à la loi prussienne, et qui auront été dûment revêtus du timbre, par l'autorité municipale ou toute autre compétente.

6. Aucune stipulation dans cette convention n'est de nature à porter atteinte au droit appartenant aux deux hautes parties contractantes, de prohiber l'importation dans leurs Etats de livres qui, d'après leur législation nationale ou d'après les traités conclus avec d'autres nations, sont considérés comme contrefaçon ou infraction au droit de reproduction.

7. Dans le cas où l'une des deux hautes parties contractantes conclurait une convention littéraire avec une puissance tierce, une stipulation semblable à celle contenue dans l'article précédent devrait être insérée dans ce traité.

8. Tous les Etats allemands qui composent avec la Prusse l'union commerciale et des douanes, ou qui pourront plus tard entrer dans cette union, auront le droit d'accéder à la présente convention.

Les livres, œuvres musicales, gravures et dessins publiés dans un des Etats qui deviendraient de cette façon partie contractante à la convention, et exportés d'un Etat qui serait également partie à ladite convention, devront être considérés, conformément à l'objet du présent traité, comme ayant été exportés du pays de leur publication.

9. La présente convention, contractée avec la Prusse, sera mise en vigueur le 1er septembre 1846, et elle restera en vigueur jusqu'au 1er septembre 1851, et, au delà, jusqu'à l'expiration d'une année, à partir de la dénonciation faite par l'une des deux parties contractantes postérieurement au 1er septembre 1851.

10. La présente convention sera ratifiée, et les ratifications seront échangées à Berlin dans le délai de deux mois, ou plus tôt, s'il est possible.

Fait à Londres, le 13 mai 1846.

*Extrait de la convention littéraire conclue entre la Grande-Bretagne et le Hanovre, le 7 octobre 1847.*

Les art. 1, 2, 3 et 4 sont entièrement conformes aux articles correspondants du traité conclu par la Grande-Bretagne avec la Prusse en 1846.

On trouve dans l'art. 5, à la suite d'une première partie qui n'est également que la reproduction du traité précité avec la Prusse, le paragraphe suivant :

Il est bien entendu que le timbre mentionné dans cet article 5, ne devra être apposé que sur les livres et œuvres musicales (conformément à l'interprétation du mot *livres* telle qu'elle est donnée dans la section 11 de l'acte du parlement rendu dans le courant des cinquième et sixième années du règne de Victoria, chap. XLV, du 1ᵉʳ juillet 1842), tandis que tous les autres objets mentionnés dans l'art. 4 du traité n'auront pas besoin de l'apposition dudit timbre pour jouir, à leur introduction dans le Royaume uni, du droit réduit fixé dans ledit article.

Les art. 6, 7, 8, 9 et 10 suivants ne diffèrent pas des articles correspondants du traité avec la Prusse.

# LOI PORTUGAISE.[1]

## TITRE I<sup>er</sup>.

### DES DROITS DES AUTEURS.

ART. 1<sup>er</sup>. Le droit de publier ou d'autoriser la publication ou la reproduction d'un ouvrage en tout ou en partie par la typographie, par la gravure, par la lithographie ou par tout autre moyen, appartient exclusivement à l'auteur, pendant sa vie.

Sont exceptées de la disposition précédente, les citations extraites d'un livre et insérées, soit dans un autre livre, soit dans un journal politique ou littéraire, ainsi que les articles de journaux reproduits par d'autres journaux, pourvu que ces diverses reproductions indiquent le livre ou le journal d'où la citation a été tirée.

2. Après la mort de l'auteur, le droit ci-dessus indiqué subsiste encore, pendant trente ans, au profit de ses héritiers ou de ceux qui le représentent, suivant les règles ordinaires du droit.

3. L'auteur pourra toujours, et dans tous les cas, disposer librement par donations entre-vifs, par testament ou par tout autre mode de transmission de cette propriété, laquelle sera considérée comme un véritable pécule quasi-castrant (*quasi-castrense.*) (2).

---

(1) Nous donnons le texte complet de cette loi qui n'a point encore été publiée en France. Le titre II a, d'ailleurs, un intérêt tout particulier en ce qu'il complète les dispositions de la convention diplomatique au point de vue des auteurs dramatiques. Pour l'historique de cette loi, voyez page 31.

(2) Le pécule *quasi-castrant* consiste dans les biens acquis par un emploi public de l'ordre civil, par opposition au pécule *castrant* (*castrense*), c'est-à-dire acquis dans le service militaire ou à son occasion. Ceci est un reste des idées romaines qui, en Portugal, comme en Espagne, sont encore toutes puissantes dans la législation Le fils de famille n'avait pas, en principe, de patrimoine proprement dit; il était pour le père un instrument d'acquisition. Ce principe rigoureux fut d'abord adouci, puis, on peut dire aboli, par le développement successif de la théorie des pécules.

4. Le propriétaire, par succession ou autrement, d'une œuvre posthume, jouira du droit exclusif de la publier ou d'en autoriser la publication pendant une durée de trente ans.

5. L'auteur pourra céder le droit exclusif de publier son œuvre, soit pour tout le temps accordé par les articles précédents, à lui et à ses ayants cause, soit pour une partie de ce temps.

Dans le dernier cas, les ayants cause de l'auteur jouiront de ce droit, seulement pendant l'espace de temps dont il n'aura pas été disposé.

6. Le droit exclusif de l'Etat sur les ouvrages de science, de littérature ou d'art publiés par son ordre, et à ses frais, sera de trente ans, qui compteront à partir de la publication complète de l'œuvre.

Le droit des académies et des autres corps littéraires ou scientifiques sur les ouvrages publiés en leur nom et par leurs soins, durera trente ans, à partir de la publication du volume qui complète l'ouvrage. S'il s'agit de collection de mémoires sur divers sujets, ou d'écrits formant collection, les trente ans seront comptés à partir de la publication de chaque volume.

7. L'éditeur d'une œuvre posthume, antérieure au XVIII<sup>e</sup> siècle, dont le propriétaire ne serait point connu, ou ne se ferait point connaître légalement, jouira du même privilége pendant trente ans, à partir de la publication complète de l'ouvrage.

Le premier éditeur de chants nationaux, de proverbes, de fables, de contes, ou de tous autres monuments d'antiquité nationale, conservés uniquement par la tradition orale, jouira également du même privilége pendant trente ans.

8. L'éditeur d'un ouvrage anonyme jouira, pendant trente ans, du droit exclusif de le publier.

Toutefois, si le nom de l'auteur est déclaré dans une édition subséquente, ou s'il est légalement prouvé, le propriétaire de l'œuvre rentrera dans l'exercice des droits fixés par les art. 1, 2 et 3 de la présente loi.

9. La loi ne garantit la propriété, ni des œuvres obscènes, ni des libelles diffamatoires, ni de toutes autres compositions impures et d'une tendance manifestement immorale.

## TITRE II.

### DES ŒUVRES DRAMATIQUES.

10. Les œuvres dramatiques des auteurs vivants ne pourront être représentées sur aucun théâtre public, où l'entrée se paie, sans le consentement par écrit desdits auteurs.

§ 1<sup>er</sup>. Les œuvres dramatiques posthumes ne pourront être représentées sans l'autorisation par écrit de leurs propriétaires.

§ 2. Le droit des propriétaires d'un ouvrage dramatique posthume durera trente années, à partir de la première représentation de l'œuvre.

On entend par œuvre dramatique posthume, celle qui n'a jamais été représentée sur un théâtre public, où les spectateurs paient leur entrée durant la vie de l'auteur, encore bien que, de son vivant, ladite pièce ait été rendue publique par l'impression.

**11.** Sur le produit de chaque représentation, déduction faite d'un tiers affecté aux dépenses de la soirée, l'auteur d'une pièce originale, en cinq actes, percevra le huitième des deux tiers restant; il percevra le dixième si la pièce est en quatre actes, le douzième si elle est en trois actes, le quatorzième si elle est en deux actes, le seizième si elle est en un acte.

**12.** L'auteur d'une pièce originale a ses entrées libres au théâtre, aussitôt que commenceront les répétitions de son œuvre. Il jouira du même droit si la pièce est conservée au théâtre pendant dix années, à partir de la première représentation, pour une pièce en cinq ou en quatre actes; pendant deux années pour une pièce en trois actes; pendant une année pour une pièce en un ou deux actes.

On entend par *pièce conservée au théâtre* celle qui a été représentée plus de trois fois.

**13.** Pour les pièces traduites, les entrepreneurs ou directeurs de théâtre paieront les quote-parts fixées dans l'art. 11, avec cette différence, toutefois, qu'un tiers de la somme sera remis au traducteur, et que les deux autres tiers seront perçus par le Conservatoire royal, un tiers étant destiné à former des prix pour les auteurs d'ouvrages originaux, et l'autre tiers devant servir à l'institution d'un Mont-de-Piété dramatique et musical au bénéfice des veuves et orphelins des artistes et des auteurs d'œuvres dramatiques et musicales.

Le Gouvernement est chargé de dresser, sans retard, les règlements, et de provoquer la formation d'une commission arbitrale pour ledit Mont-de-Piété, auquel seront admis tous les auteurs, traducteurs, professeurs et artistes qui voudront concourir à une souscription préalablement déterminée.

**14.** Le Conservatoire percevra également pour la représentation des anciennes pièces originales ou traduites qui, conformément à l'art. 10, auraient cessé d'être la propriété de l'auteur ou de ses ayants cause, la moitié de la quote-part établie dans l'art. 11 pour les pièces originales.

**15.** Le paiement de tous ces honoraires sera fait le soir même de la représentation, et les intéressés pourront examiner les registres et autres documents constatant les perceptions d'entrée, les abonnements et tous autres moyens de recette, lesquels leur seront présentés sur-le-champ.

**16.** Après la mort d'un auteur dramatique, s'il n'y a point de stipulations particulières faites avec lui ou avec ses ayants cause,

7

toute entreprise théâtrale dûment établie pourra représenter les pièces, non posthumes dudit auteur, à la condition de payer à ses ayants cause une rétribution égale à celle que l'auteur eût été en droit de percevoir au moment de son décès.

§ 1er. Le droit à cette rétribution durera trente ans, à partir de la mort de l'auteur.

§ 2. Les dispositions du présent article ne dispensent, en aucune manière, les entreprises théâtrales du paiement des quoteparts dues au Conservatoire royal, conformément aux art. 13 et 14 de la présente loi.

17. Les dispositions des articles précédents ne subiront aucune modification par l'impression d'une œuvre dramatique.

Pour ce qui concerne la publication, par la voie de la presse, des œuvres dramatiques, les droits des auteurs et de leurs ayants cause sont réglés par le titre 1er de la présente loi.

## TITRE III.

### DES ŒUVRES D'ART.

18. L'auteur d'un dessin, d'un tableau, d'une œuvre de sculpture, d'architecture ou de toute autre œuvre analogue, aura le droit exclusif de la reproduire ou d'en autoriser la reproduction par la gravure, par le dessin, par le moulage ou par tout autre moyen.

L'auteur jouira de ce droit pendant toute sa vie. Après son décès, ses héritiers ou ayants cause jouiront du même privilége, conformément aux règles établies par le titre 1er de la présente loi.

19. Les auteurs des œuvres mentionnées dans l'article précédent, ou leurs ayants cause, pourront céder le droit qui leur est garanti, tout en se réservant la propriété de leur œuvre ; mais s'ils vendent ladite œuvre originale, ou s'ils en disposent de toute autre manière, le droit exclusif d'en autoriser la reproduction par la gravure, par le moulage ou par tout autre procédé passera à l'acquéreur, sauf le cas où le contraire aurait été expressément stipulé.

20. Est également reconnue et garantie la propriété des dessins et patrons des fabricants, qui, toutefois, sera réglée par une loi spéciale.

## TITRE IV.

### DES COMPOSITIONS MUSICALES.

21. Les auteurs d'œuvres musicales et leurs ayants cause jouiront, quant à la publication desdites œuvres par quelque moyen de reproduction que ce soit, des droits établis au titre 1er de cette

loi, et, quant à leur exécution dans les théâtres ou autres lieux publics, des droits établis au titre II.

## TITRE V.

### DISPOSITIONS GÉNÉRALES.

**22.** Dans le cas où les droits dont il est parlé dans la présente loi viendraient à faire partie d'une succession vacante, le fisc n'y pourra prétendre, et la publication, la réimpression ou la représentation seront libres, sans préjudice, toutefois, des droits des créanciers, et sauf ce qui est déterminé par les articles 7 et 10 ci-dessus.

**23.** Pour être admis à jouir du bénéfice de la présente loi, l'auteur ou le propriétaire de l'œuvre reproduite par la typographie, la lithographie, la gravure, le moulage, ou d'une œuvre d'art non encore reproduite, est tenu de la faire enregistrer de la manière et dans les lieux spécifiés par les paragraphes suivants :

§ 1er. Avant que la publication d'une œuvre ait été légalement accomplie par la distribution des exemplaires, suivant ce qui est ordonné dans la loi sur la répression des abus de la presse, six exemplaires complets de ladite œuvre seront déposés à la bibliothèque publique de Lisbonne, si l'œuvre n'est ni dramatique, ni musicale, ni relative aux arts du dessin, ni production d'aucun d'eux. Le bibliothécaire donnera immédiatement un reçu du dépôt, et inscrira le titre de l'œuvre avec la mention du dépôt sur un registre spécial destiné à cet effet dans la bibliothèque. Cette formalité donnera lieu au paiement d'une somme de 200 réis (1), et le même droit sera exigible pour chaque extrait dudit registre, dont la demande serait faite.

§ 2. Si l'œuvre est dramatique ou musicale, ou relative à la littérature dramatique et à l'art musical, l'enregistrement en sera fait au Conservatoire royal dans la même forme et aux mêmes conditions que celles établies dans le paragraphe précédent.

§ 3. Si l'œuvre est une production des arts du dessin, ou si elle s'y rapporte, l'enregistrement en sera fait à l'Académie des beaux-arts de Lisbonne, dans la même forme et aux mêmes conditions que celles établies dans le paragraphe premier de cet article.

§ 4. Les extraits de ces registres serviront de titres légaux pour prouver la propriété d'une œuvre publiée et pour poursuivre en justice les contrefacteurs.

§ 5. Les auteurs qui, ne voulant point publier leurs œuvres par la typographie, la gravure, la lithographie, le moulage, désireraient toutefois en constater la propriété, devront les présenter dans les établissements respectifs pour les y faire enregistrer et

---

(1) Un franc vingt-cinq centimes. Un franc vaut 160 réis.

7.

pour obtenir des extraits certifiés dudit registre, lesquels seront délivrés dans la même forme et aux mêmes conditions que celles établies dans le paragraphe premier du présent article.

24. La bibliothèque publique, le Conservatoire royal et l'Académie des beaux-arts de Lisbonne, seront tenus de publier mensuellement, par la voie de la presse, leurs registres respectifs. Ces établissements devront en envoyer également tous les mois une copie authentique au ministère de l'intérieur. Un registre général sera formé dans les bureaux du ministère, et la publication officielle en sera faite à la fin de chaque année dans le journal du Gouvernement (*Diario do Governo*).

25. Celui des trois établissements ci-dessus mentionnés où sera fait l'enregistrement d'un ouvrage, conservera deux des six exemplaires déposés, et remettra immédiatement les quatre autres au ministère de l'intérieur pour être répartis entre la Bibliothèque de la ville de Porto, la Bibliothèque Royale, celle des Cortès et celle de l'Université.

Si c'est une œuvre d'art reproduite par le moulage, il n'en sera déposé que deux exemplaires, dont l'un restera à l'Académie des beaux-arts de Lisbonne, et dont l'autre sera envoyé à l'Académie des beaux-arts de Porto.

26. L'accomplissement des obligations imposées par l'article 23 ne dispense en aucune manière de satisfaire à ce qui est ordonné par la loi sur la répression des abus de la presse.

## TITRE VI.

### DISPOSITIONS FINALES.

27. Tout individu qui, sciemment, et au préjudice des droits garantis par cette loi aux auteurs et à leurs héritiers ou ayants cause, aura publié, imprimé, gravé, représenté sur un théâtre public ou reproduit de toute autre manière, en tout ou en partie, des œuvres écrites, des dessins, des peintures, des sculptures, des compositions musicales, ou toutes autres productions d'esprit ou d'art, soit déjà publiées, soit encore inédites, sera coupable du délit de contrefaçon.

§ 1er. Sera également coupable de contrefaçon tout individu qui, sans permission, par écrit, de l'auteur ou de ses ayants cause, aura reproduit par un moyen quelconque les discours prononcés à la tribune ou en justice, les sermons débités dans les temples, les harangues académiques ou les cours professés oralement dans les chaires des institutions publiques ou privées.

§ 2. Ne sera point réputée contrefaçon la publication des discours parlementaires, judiciaires ou académiques rapportés dans les comptes rendus de séances qui se font dans les feuilles périodiques.

§ 3. L'insertion autorisée d'une composition ou d'une traduction dans un journal ou dans toute autre collection, ne prive point l'auteur ou le traducteur du droit de la faire publier séparément, à moins de stipulation contraire.

§ 4. Des lettres particulières, publiées sans le consentement de la personne à laquelle elles sont adressées, ne constituent point une propriété pour les éditeurs.

28. Tout contrefacteur sera condamné à la confiscation, au bénéfice du propriétaire du manuscrit ou de l'édition légale, de tous les exemplaires de l'édition contrefaite qui seraient trouvés en vente, au moment de la saisie dont un procès-verbal sera immédiatement dressé. Il paiera, en outre, audit propriétaire, la valeur de 2,000 exemplaires, calculée d'après le prix de l'édition légale ; il sera enfin passible d'une amende de 50,000 à 400,000 *reis* (1) au profit du Conservatoire royal, de l'Académie des beaux-arts ou de la Bibliothèque publique de Lisbonne, suivant la nature de l'ouvrage.

§ 1er. Si l'ouvrage est encore légalement inédit, lorsque la contrefaçon aura lieu, la valeur des 2,000 exemplaires sera calculée d'après le prix de vente des ouvrages de même nature et de même étendue.

§ 2. En cas de récidive, le contrefacteur pourra être condamné, outre les autres peines, à celle de la prison, qui, toutefois, ne pourra pas dépasser le terme d'une année.

29. Tout entrepreneur on directeur de théâtre qui, sans la permission, par écrit, du propriétaire représentera une pièce dramatique, soit imprimée, soit manuscrite, et tout entrepreneur ou directeur d'un divertissement public quelconque qui, de la même manière, fera exécuter une composition musicale, se rendra coupable de contrefaçon et sera condamné à payer au propriétaire, outre le produit brut de la représentation ou des représentations qui auraient été données avec ladite pièce, une somme égale au produit brut d'une recette entière, du théâtre ou du lieu public dans lequel le délit aurait été commis, et comme si ledit théâtre ou lieu public eût été complétement occupé, encore bien que cela n'ait point eu lieu ; il sera enfin passible d'une amende de 50,000 à 300,000 *reis* (2) au profit du Conservatoire royal.

30. L'entrepreneur ou directeur de théâtre ou lieu de divertissement public qui se refuserait à payer aux auteurs ou propriétaires des pièces ou au Conservatoire royal, les quote-parts établies dans les articles 11, 13 et 14 de la présente loi, et ce, dans la forme fixée par l'article 15, sera condamné : la première fois, à payer le double des droits, en cas de récidive, le quadruple, et en cas de double récidive, une somme égale à neuf fois les droits pri-

---

(1) 625 à 2 500 francs. *Voyez*, page 99, à la note.

(2) 625 à 1,875 francs.

mitifs; il pourra en outre être condamné à la prison, mais pour un temps qui ne dépassera pas une année.

Les mêmes peines seront proportionnellement encourues, par celui qui se refuserait à présenter les registres d'entrée, conformément à l'article 15.

31. Tout individu qui introduira, sur le territoire portugais, des exemplaires d'éditions contrefaites en pays étranger, sera passible des peines établies à l'article 28.

32. Tout auteur ou propriétaire d'une œuvre originairement imprimée en pays étranger, que cet auteur soit Portugais ou qu'il soit étranger, sera considéré comme régnicole, quant au droit de poursuivre en justice le contrefacteur de son œuvre, soit Portugais, soit étranger, du moment où le délit aura été commis sur le territoire portugais.

Cette disposition ne sera applicable qu'aux sujets des Etats qui, par leurs lois ou par des traités, assureront la même garantie aux ouvrages imprimés en Portugal.

33. Tout individu qui, sciemment, exposerait en vente une œuvre contrefaite paiera une amende de 10,000 à 200,000 *reis*, et sera en outre condamné envers la partie intéressée, aux dommages-intérêts qui seront arbitrés par les tribunaux, proportionnellement et conformément aux dispositions contenues en l'article 28 de la présente loi.

En cas de récidive, le coupable pourra être condamné, outre les peines déjà spécifiées, à un emprisonnement de six mois au plus.

34. Dans les cas prévus par les articles précédents, les exemplaires contrefaits, les plaques métalliques, les planches, modèles, matrices, formes ou tous autres instruments du délit seront confisqués.

La partie intéressée pourra demander, soit la destruction desdits objets, soit leur remise entre ses mains, en faisant entrer leur valeur dans le compte de son indemnité.

35. Toutes les actions résultant des dispositions de la présente loi seront intentées, dans l'espace d'un an et un jour, sous peine de prescription.

*Art. transitoire.* Le bénéfice de la présente loi est applicable à tous les ouvrages déjà publiés avant sa promulgation, sans préjudice des contrats existants.

Le propriétaire de toute œuvre publiée avant la promulgation de la présente loi jouira du bénéfice de ses dispositions, pendant le même espace de trente années.

Palais de Cintra, le 8 juillet 1851.

---

*ERRATUM.* Page 75, à la note, on lit : le décret de publication en France est du 10 février 1851, il faut lire : est des 10-15 février 1851.

# TABLE.

INTRODUCTION.

PROPRIÉTÉ LITTÉRAIRE.

APPENDICE.

CONVENTIONS DIPLOMATIQUES.